Rolf-Michael Hahn, Nicolai Stickel
unter Mitarbeit von Eva-Maria Keß

Gut gefragt
ist fast gewonnen

*Erfolgreiche Fragetechniken für
Beruf und Privatleben*

ROWOHLT TASCHENBUCH VERLAG

Redaktion Wolfgang Müller

Originalausgabe
Veröffentlicht im Rowohlt Taschenbuch Verlag GmbH,
Reinbek bei Hamburg, Januar 2000
Copyright © 2000 by Rowohlt Taschenbuch Verlag GmbH,
Reinbek bei Hamburg
Umschlaggestaltung Henning Dencks
Satz Sabon PostScript (PageOne)
Gesamtherstellung Clausen & Bosse, Leck
Printed in Germany
ISBN 3 499 60871 5

Inhalt

Einleitung

- *Was erwarten Sie von einem Vorwort?*
- *Wie oft haben Sie eine Einleitung schon überblättert?*
- *Würden Sie nicht gerne auch dieses Mal die ersten Seiten überspringen?*

Sicher. Aber hier würden Sie etwas verpassen. Wetten?

Ein ganzes Buch über Fragen? Ist das nützlich? Über Nutzen läßt sich bekanntlich streiten, aber eines können wir Ihnen an dieser Stelle bereits versichern: Sie werden überrascht sein, was sich mit Fragen alles erreichen läßt:

- Fragen, um besser zu verstehen.
- Fragen, um zu beraten.
- Fragen, um zu führen.
- Fragen, um zu helfen.
- Fragen, um sein Leben zu organisieren.
- Fragen, um auf den Punkt zu kommen.
- Fragen, um Aufmerksamkeit zu erregen.
- Fragen, um Antworten zu finden.

Fragen haben Kraft und Macht wie kaum ein anderes Mittel der Rhetorik. Fragen sind Mittel und Zweck, Methode und Inhalt. Fragen sind ein Werkzeug für den bewußten Sprecher und den aufmerksamen Zuhörer. Fragen sind also der Anstoß, der andere in Bewegung setzt. Mit Fragen öffnen wir Themen, lenken Gedanken, initiieren Handlungen und provozieren Reaktionen. Vorausgesetzt, wir wissen, wann, was und wie wir zu fragen haben.

Wir, die Autoren, haben uns die Frage gestellt: Was ist von Nutzen für den (geneigten) Leser? Was sollten wir ihm sagen, was sollten wir ihn fragen? Welche Fragen lohnen? Wo kann sie der Leser am besten anwenden? In der Berufswelt, im Privaten? Bei welcher Gelegenheit? Und wie kann der Leser Fragen üben? (Denn nichts geht bekanntlich ohne Übung!)

In den Ausführungen zu unseren «Drei Dimensionen des Fragens» legen wir Ihnen einige wichtige theoretische Hintergründe zum Fragen dar. – Sie sagen, Theorie sei unwichtig? Das haben wir auch schon oft gesagt. Und meist halten wir uns auch an die Praxis, besonders in unseren Kommunikationstrainings. Selbstverständlich können Sie die Theorie überspringen und gleich in die Anwendungskapitel einsteigen. Allerdings haben wir Ihnen davor Wichtiges zu sagen, und wir sind der Meinung, daß jeder Satz in «Die drei Dimensionen des Fragens» Ihre Aufmerksamkeit verdient. Denn dort erwartet Sie etwas Besonderes: eine ganz neue, umfassende Betrachtung des Themas «Fragen».

Sind Sie interessiert? Dann laden wir Sie ein zu einem Spaziergang durch das Reich des Fragens. Wir haben versucht, diesen Spaziergang so zu gestalten, daß er Ihnen nicht schwerfallen und auch einiges Vergnügen bereiten wird. Lassen Sie sich überraschen von einigen Entdeckungen der Kommunikationspsychologie. Schlagen Sie ein neues Kapitel der Rhetorik mit uns auf, und lassen Sie sich von einer Seite der Kommunikation inspirieren, die bisher vernachlässigt wurde. Entdecken Sie mit uns Sinn und Zweck des Fragens.

Sind Sie bereit? Gut. Zuerst eine kurze Anmerkung zum Hauptteil dieses Buches. Er ist anwendungsorientiert, vielleicht sogar besser: anwendungszentriert. Deshalb ist er auch nach Themen gegliedert, die Sie aus Ihrer täglichen Praxis kennen: Diskussion, Moderation, Führen etc. sind Bausteine aus dem beruflichen Alltag. Partnerschaft, Lebensorientierung, Konfliktsituationen und vieles andere mehr aus dem Privaten. Sicher werden Sie auch hier «Ihre Kapitel» finden und dort erfahren, wie Sie mit dem Werkzeug des Fragens Lebensbereiche erfolgreicher gestalten können.

Dieser Hauptteil wird durch zwei Kapitel eingerahmt: Am Anfang steht das «Grundmodell des Fragens». Es läßt Sie sehr einfach nachvollziehen, was eigentlich beim Fragen passiert, was beim Fragenden und was beim Befragten geschieht. Und es zeigt, was wir unter dem Begriff der «Kommunikativen Intelligenz» verstehen.

Den Abschluß der Anwendungskapitel bildet unser «Brain- & Bodyquestioning»-Ansatz. Er kommt aus unserem Trainingsalltag. Wir haben diesen Ansatz entwickelt, um das gekonnte «Fragen mit Leib und Seele» zu üben und um die Anwendungsinhalte leicht in den Alltag übertragbar zu machen. Sie finden hier gute Tips und taktische Ratschläge zur Verbesserung Ihrer alltäglichen «Frage-Kompetenz».

Jetzt haben Sie im groben Überblick, was wir für Sie vorbereitet haben. Dabei haben wir uns oft in die Lage des Lesers versetzt. Wir haben versucht, uns vorzustellen, wie er unsere Gedanken aufnehmen wird, was die Fragen, die wir stellen, bei ihm auslösen werden und welche Fragen er selbst wohl haben kann. Wir haben über viele Fragen diskutiert, hatten oft geglaubt, Antworten gefunden zu haben, und dann gemerkt, daß es letztlich nur noch mehr Fragen waren, denen wir nachgehen wollten.

Für uns war die Arbeit an diesem Buch spannend und unterhaltsam. Wir hoffen, daß es die Lektüre für Sie ebenfalls sein wird.

Noch eine letzte Anmerkung zur sprachlichen Form, in der wir mit Ihnen, liebe Leserinnen und Leser, in einen – wenn auch fiktiven – Dialog treten möchten: Gerade als Autoren eines Buches zum Thema Kommunikation sind wir uns bewußt, daß es wichtig ist, jeder Leserin und jedem Leser das Gefühl zu geben, in angemessener Form angesprochen zu werden. Um eine flüssige Lesbarkeit der Texte zu erhalten, haben wir uns dennoch dafür entschieden, nur die männliche Form zu verwenden. Wir wünschen uns natürlich auch viele Leserinnen, die sich mit dem Thema Fragen auseinandersetzen wollen. Die Verteilung der Geschlechter bei den «Rollenträgern» in unseren Beispielen ist willkürlich erfolgt und soll keine typisch männlichen oder weiblichen Verhaltensweisen spiegeln.

I. Die Grundlagen

1. Das Grundmodell
des Fragens

Dieses Kapitel stellt Ihnen das Grundmodell des Fragens vor.

- *Was ist der Sinn eines Grundmodells?*
- *Wobei kann es Ihnen helfen?*

Immer wieder werden Sie in diesem Buch auf den Versuch stoßen, ganz alltäglich erscheinenden Zusammenhängen mit neuem Bewußtsein zu begegnen. So läßt sich Kommunikation besser verstehen und erfolgreicher gestalten. Dabei ist es manchmal hilfreich, Dinge zu vereinfachen, die Komplexität der Realität zu reduzieren. Und genau dies versuchen wir mit unserem Grundmodell des Fragens.

1.1 Vier Schritte ins Reich der Fragen

Das Grundmodell zeigt Ihnen, was beim Fragen geschieht. Es verdeutlicht in vier Schritten die Erfolgsfaktoren einer gelungenen Kommunikation, zeigt, wie wir es schaffen können, daß Fragen richtig verstanden und damit Mißverständnisse vermieden werden. Und ein weiteres leistet das Grundmodell: Es liefert uns ein Indiz für unsere «Kommunikative Intelligenz». Es zeigt, unter welchen Bedingungen die Kommunikation und

insbesondere das Fragen wenig intelligent sind (und zu Mißverständnissen führen) und worauf wir achten müssen, um in-
telligente Fragen stellen zu können.

Das Grundmodell ist am besten in vier einfachen Schritten
zu verstehen. Diese vier Schritte führen Sie durch das «Leben
einer Frage»: Wo und wie sie entsteht (1.), wie sie formuliert
wird (2.), wie ein anderer sie aufnimmt (3.) und wie sie verarbeitet wird (4.). Hier nun die vier Schritte einer nach dem anderen.

Erster Schritt

Jede Frage, die Sie im Kopf haben («Wieso wäscht mein Nachbar am Sonntag sein Auto?»), basiert auf Ihren ganz persönlichen **Strukturkreisen**. Die Strukturkreise sind für uns ein Sym-
bol Ihrer spezifischen Persönlichkeit, sie enthalten all das, was
Sie zu dem unverwechselbaren Menschen macht, der Sie sind.

Zum Begriff des Strukturkreises gestatten wir uns einen Ex-
kurs: Es gibt drei Strukturkreise:
- Der innerste Kreis schließt Ihren Glauben, Ihre Werte, Ihre
  Sozialisation ein, also alles, was Sie besonders stark geprägt
  hat und noch prägt, was nicht einfach veränderbar und
  auch für andere zunächst nicht erkennbar ist (und oft für
  einen selbst im verborgenen liegt).
- Im mittleren Kreis finden sich all Ihre Fähigkeiten, Fertigkeiten, Ihr Können und Wissen, also alles, was Sie anderen
  durchaus zeigen können, was aber auf den ersten Blick auch
  nicht sichtbar sein muß. Diese Komponenten sind meist in
  längeren Zeiträumen erworben worden, sie sind bewußt
  lernbar und können mittelfristig verändert werden.
- Der äußere Strukturkreis enthält all Ihre sozialen Beziehun-

gen, die Rollen, die Sie einnehmen, die offensichtlichen, äußeren Persönlichkeitsmerkmale, schnell zu Erkennendes, auch rasch Veränderbares. Dieser Strukturkreis verbindet Sie unmittelbar mit Ihrer Umwelt.

Die Strukturkreise stellen also Ihre Persönlichkeit dar im Bild von drei konzentrischen Kreisen, wobei der innerste der intime Kreis ist, der mittlere der persönliche und der äußere der soziale. Jede Frage, die wir uns selbst oder anderen stellen, entsteht auf der Basis dieser individuellen Strukturkreise. Das heißt konkret, die Frage «Wieso wäscht mein Nachbar am Sonntag sein Auto?» geht darauf zurück, daß Sie vermutlich in Ihrer Sozialisation gelernt haben, daß es in unserer Kultur anstößig ist, am Sonntag in der Öffentlichkeit Arbeit zu verrichten. Aber diese Annahme ist Ihre persönliche Annahme, denn die ihr zugrunde liegende Sozialisation ist Ihre ganz individuelle Prägung. Für jemand anderen (mit anderen Strukturkreisen, also auch einer anderen Sozialisation) könnte das ganz anders sein. Diese Frage, die in Ihren Gedanken oder Gefühlen entstanden ist, ist Produkt Ihrer ganz persönlichen Charakteristik und nur vor diesem Hintergrund wirklich zu verstehen.

ALSO: 1. Jeder Mensch kommuniziert aus seinen individuell geprägten Strukturkreisen heraus. Deshalb gilt: Jede Frage entsteht in ihrer eigenen Welt.

Zweiter Schritt

Nun müssen Sie die Fragen, die bisher nur in Ihrer Welt existiert haben, ja auch noch äußern. Sie wollen sie kommunizieren, jemandem mitteilen. Dies geschieht üblicherweise, indem **19** die Frage ausgesprochen oder niedergeschrieben wird. Sie wird also dem anderen verbal oder visualisiert mitgeteilt.

ALSO: 2. Durch Verbalisierung oder Visualisierung verläßt die Frage die eigene Welt: Sie wird anderen zugänglich.

Dritter Schritt

Eine Frage, die ausgesprochen wird oder geschrieben steht, ist zunächst ohne Belang, solange sie niemand hört oder liest. Der dritte Schritt ist also die Aufnahme der Frage durch einen anderen Menschen, den Empfänger der Frage. Um die Buchstaben der Schrift oder die Worte der Sprache verstehen zu können, muß der Empfänger nun die Frage «übersetzen», damit er den Inhalt der Frage versteht.

ALSO: 3. Die Frage wird von einem anderen Menschen aufgenommen und dekodiert («übersetzt»).

Vierter Schritt

Die Frage ist nun in der «eigenen Welt» des andern angekommen und trifft natürlich dort auf dessen Sturkturkreise. Sie wird vor dem ganz persönlichen Hintergrund des Empfängers aufgenommen und verstanden. Die Frage wird damit interpretiert. Sicher ist es Ihnen auch schon so ergangen, daß eine Frage, die Sie zwei unterschiedlichen Menschen gestellt haben, von den beiden jeweils ganz anders aufgenommen oder aufgefaßt wurde. Der eine lachte vielleicht über Ihre Frage (weil er sie als Witz verstanden hat), der andere war peinlich berührt, weil er den Inhalt sehr ernst nahm. Die Frage wird

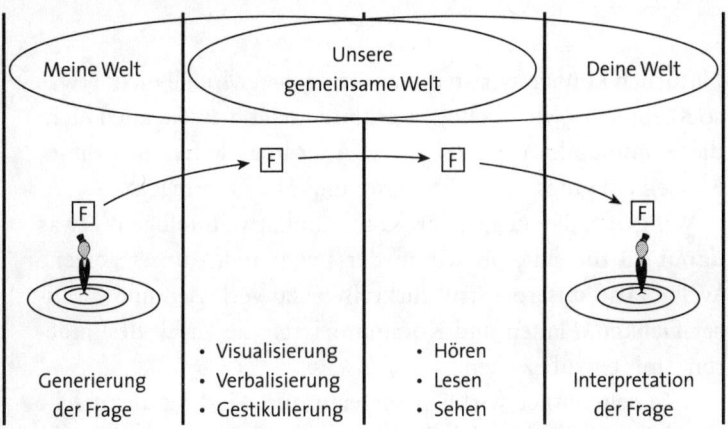

somit auf der Basis der Strukturkreise des Empfängers verstanden.

ALSO: 4. Der Empfänger interpretiert und versteht die Frage auf der Basis seiner individuellen Strukturkreise.

Diese vier Schritte zeigen, was grundsätzlich beim Fragen geschieht. Wie eine Frage entsteht, wie sie geäußert wird, wie sie von jemandem aufgenommen werden kann und, schließlich, wie sie verstanden wird. Wenn Sie sich diesen einfachen Zusammenhang ab und an vor Augen halten, werden Sie sehen, wieviel bewußter – und damit befriedigender – Sie kommunizieren.

Natürlich können wir an diesem einfachen Modell nicht etwas so Komplexes wie Intelligenz erklären oder messen, auch nicht die Kommunikative Intelligenz. Allerdings liefert uns dieses Modell ein gutes Indiz für Kommunikative Intelligenz.

Wir gehen davon aus, daß Kommunikative Intelligenz etwas damit zu tun hat, ob wir in der Lage sind, «unsere eigene Welt» (also unsere «Strukturkreise») zu verlassen und in unser Denken, Planen und Kommunizieren die «Welt des anderen» mit einzubeziehen.

«Sie sehen aber wirklich schlecht aus. Sind Sie denn sehr krank?» ist ein Negativbeispiel dafür, daß der Fragende nicht genau auf den anderen eingeht bzw. die Wirkung seiner Frage nicht berücksichtigt. Sicher entspricht seine Frage den Gedanken oder Empfindungen, die ihm in den Sinn gekommen sind, und ist somit ehrlich. Intelligent ist sie aber nicht. Der Gefragte wird sich durch die abwertende Äußerung angegriffen fühlen, der Fragende wird wohl kaum mit einer ehrlichen Antwort rechnen können. Der Zweck der Frage ist also verfehlt. Ein typischer Fall für eine unintelligente Frage.

Wenn wir Kommunikation nur aus unserer «eigenen Welt» heraus gestalten (ohne Rücksicht auf «andere Welten», also andere mögliche Strukturkreise), ist der Grad Kommunikativer Intelligenz gering.

Eine höhere Kommunikative Intelligenz können wir dann erreichen, wenn wir in der Kommunikation berücksichtigen, daß es einen Empfänger der Nachricht gibt, der möglicherweise ein anderes Verständnis des Gesagten haben kann. Wenn uns also die Tatsache bewußt ist, daß die Nachricht auf einen anderen Menschen trifft, der diese auch anders versteht. Gelingt es uns, diese Tatsache in der Gestaltung unserer eige-

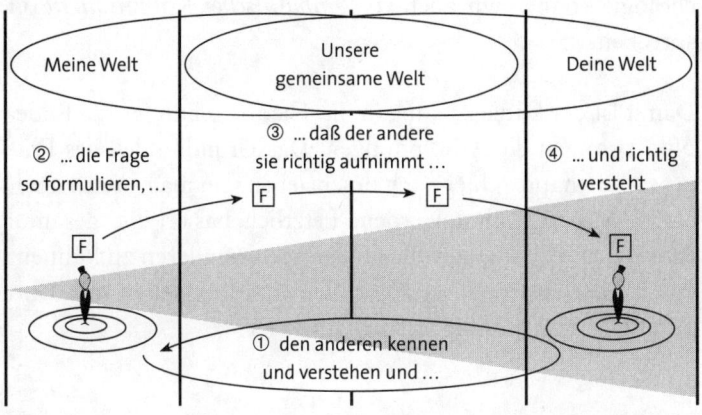

nen Kommunikation umzusetzen, ist dies ein Zeichen für ein hohes Maß an Kommunikativer Intelligenz.

Das höchste Maß Kommunikativer Intelligenz erreichen wir, wenn wir als Fragende nicht nur den anderen wahrnehmen und seine Andersartigkeit akzeptieren, sondern darüber hinaus versuchen, den anderen zu verstehen, also seine Strukturkreise zu erkennen und unsere eigene Kommunikation an ihnen auszurichten. Dazu müssen wir zum Beispiel eine Frage so gestalten, daß der andere sie richtig verstehen kann. Dies könnte man «Kommunikation mit Empathie» nennen. Empathie meint das Vermögen, sich auf sein Gegenüber einzustellen, zu versuchen, den anderen zu verstehen, bevor man erwartet, verstanden zu werden. Ein Indiz für

Kommunikative Intelligenz ist also die Fähigkeit, die «Welt des anderen» zu verstehen

und das, was man ausdrücken will, auch so zu formulieren, daß der andere es in dieser Weise auffaßt, wie man es verstan- 23 den haben möchte. Im Einklang mit der Begrifflichkeit der Psychologie können wir auch von *empathischer Kommunikation* sprechen.

Damit ist der kurze Ausflug in die Theorie schon fast zu Ende. Nun kommen die Anwendungen. Das Grundmodell des Fragens – so knapp es hier auch beschrieben sein mag – wird noch einige Male erwähnt werden. Letztlich basiert die gesamte Praxisvorbereitung darauf, Fragen so formulieren zu können, daß sie der andere so versteht, wie er sie verstehen soll. Und darauf kommt es doch letztlich an, oder?

2. Die Philosophie des Fragens: Die Kraft der Frage

- *Möchtest du mich heiraten?*
- *Wie geht's dir?*
- *Sind Sie ein badender oder ein duschender Mensch?*
- *Was ist der Sinn des Lebens?*
- *Welches Schweinderl hätten S' denn gern?*
- *Wer fährt heute abend nach Hause?*

2.1 Welche Fragen sind wichtig?

Welche Fragen stellen Sie sich? Welche den anderen? Und was werden Sie gefragt? Mit welchen Fragen lohnt es sich zu beschäftigen? Welche Fragen gibt es überhaupt, und wie kann ich mit ihnen umgehen? Ist es gut, viele Fragen zu haben? Soll man alle seine Fragen stellen? Und soll man jede Frage beantworten?

Apropos Antwort: Welche Antworten interessieren denn wirklich? Wann ist eine Antwort ehrlich? Oder richtig oder umfassend? Wann ist eine Antwort überhaupt notwendig, und wann ist die Frage wichtiger als die Antwort?

Als wir begannen, uns mit dem Thema «Fragen» auseinander-zusetzen, und auch unseren Freunden und Mitarbeitern davon erzählten, reagierten viele irritiert auf unser Vorhaben. Sie fragten uns, was sich denn dahinter verberge, wo das Thema einzuordnen sei, ob wir uns bei dieser Sache wirklich sicher seien oder ob das Ganze nur Spaß sei.

Das Thema Fragen ist ein verlorenes Thema. Nur in wenigen Zusammenhängen wird auf das große Thema des Fragens heute noch eingegangen. Wenn es um Interview- und Talk-Show-Techniken geht, wenn es in der Beziehung Probleme da-mit gibt (Wo bist du gestern gewesen? – also «Ausfragen») oder wenn manche Kinder Erwachsenen ein «Loch in den Bauch» fragen, dann wird das Fragen thematisiert. Aber sonst?

2.2 Ein literarischer Exkurs:
Parzival und Lohengrin

In der Literatur des Mittelalters gibt es Geschichten, die sich um die existentielle, moralische oder philosophische Bedeutung des Fragens drehen. Denken Sie nur an Parzival, den «tumben Tor» in Wolfram von Eschenbachs gleichnamigem Versepos, der sich schuldig macht, weil er die Mitleidsfrage nicht stellt, als er den kranken König Amfortas auf seinem Lager sieht. Ein klassisches Beispiel dafür, welche Dimension der Bedeutung eine nicht oder zu spät gestellte Frage haben kann. Diese versäumte Frage behaftet Parzival, den Helden auf der Suche nach Lebenserfahrung und Reife, mit dem Makel des Mitleidlosen, des selbstsüchtigen Tölpels. Dabei ist Parzival nur ein Opfer seiner «guten» Erziehung: Sein höfischer Lehrer hatte ihm eingeschärft, daß er keine unnützen Fragen stellen solle – ein Erziehungsmaßstab, der vor noch nicht allzu langer Zeit auch bei uns populär war. Kinder, die zuviel fragen, galten als aufdringlich, vorwitzig, unerzogen.

Die moralische Komponente der Parzival-Frage bedeutet für uns heute, daß wir uns der Gleichgültigkeit schuldig machen, wenn wir an uns selbst und andere nicht die Fragen richten, die uns und die Gesellschaft, in der wir leben, weiterbringen könnten. (Das vor einiger Zeit sehr modische Stichwort vom «alles hinterfragen» werden wir deshalb in einem späteren Kapitel auch noch beleuchten.)

Dies war ein klassisches Beispiel für eine Frage, bei der es gar nicht auf die Antwort ankam, sondern nur darauf, daß die Frage selbst gestellt wurde. Richard Wagner hat neben dem «Parzival» auch einen anderen mittelalterlichen Stoff als Vorlage einer Oper verwendet, in der es ebenfalls im Kern um eine

Frage geht. Diesmal um eine Frage, die nicht gestellt werden darf. Der junge Ritter Lohengrin (nicht ganz zufällig ist er Parzivals Sohn) kommt nach Antwerpen und trifft dort auf die edle Elsa, die ihn zum Mann nimmt. Voraussetzung für diese Verehelichung war aber, daß Elsa den Ritter nie nach dessen Namen und Herkunft fragen darf (diese Bestimmung ging vom heiligen Gral aus). Wagner läßt Lohengrin singen: «Nie sollst du mich befragen ...» – Als die beiden schon mehrere Jahre zusammengelebt haben, kann die Fürstin ihre Neugierde doch nicht länger bezähmen, und so kommt es zur verhängnisvollen Frage. Die unausweichliche Konsequenz muß nun erlitten werden, Lohengrin muß den Anweisungen des Grals folgen und Land, Familie und Gattin verlassen. Die Macht einer Frage!

Was steckt dahinter? Es gibt Fragen, die wir stellen müssen, um in unserem privaten oder auch beruflichen Leben Klarheit zu erlangen. Vielleicht kann man – wie Elsa – manche Fragen sehr lange aufschieben und versuchen, mit Geheimnissen und Vermutungen zu leben, doch werden uns diese ungestellten Fragen immer verfolgen und schließlich einholen.

Sicher haben Sie in der Familie oder bei Freunden schon die bedauernde Feststellung gehört, daß es jetzt, wo ein nahestehender Mensch gestorben ist, zu spät ist, ihm noch all die Fragen zu stellen, die es gebraucht hätte, um ihn besser kennenzulernen, um ihn wirklich zu verstehen – letztlich auch, um sich selbst und die eigene Wirklichkeit tiefer zu ergründen.

Die Lohengrin-Frage umschließt also zwei problematische Aspekte des Fragens: Es gibt Fragen, die – sind sie einmal ausgesprochen – Unheil nach sich ziehen können, Konsequenzen, die so nicht gewollt werden. Auf der anderen Seite können dies gerade die Fragen sein, die mich nicht loslassen werden, solange ich sie nicht gestellt habe. Ob es dabei auf den Inhalt der Frage oder auf die Antwort ankommt, ist von Fall zu Fall verschieden.

Die Philosophie des Fragens möchte Sie dazu ermuntern, sich die richtigen Fragen zu stellen oder die für Sie wichtigen Dinge zu hinterfragen. Auch auf die Gefahr hin, daß es vielleicht keine abschließenden Antworten gibt.

Sicherlich gibt es keine endgültigen, vor allem keine allgemeingültigen Antworten auf Fragen des Kalibers: «Was ist der Sinn des Lebens?». Dennoch, diese Fragen sind wichtiger als die Antworten, denn Fragen leiten uns in eine bestimmte Richtung, Fragen geben uns Ziele vor, Fragen lassen uns streben, nach vorn schauen. Und sich anhand von Fragen immer wieder *in die Zukunft* zu orientieren ist lebensnotwendig, denn sonst könnten uns Fragen – im Extremfall – in den Wahnsinn treiben. Kennt nicht jeder von uns Menschen, die oft grübeln, die sich ständig mit Fragen auseinandersetzen, deren Antworten nicht zu finden sind? Kennen wir nicht alle Menschen, die an Fragen verzweifeln? Fragen können auch aufs Gemüt schlagen, Menschen depressiv machen.

Ist es wichtig, sich mit der *Vergangenheit* zu beschäftigen, unsere Geschichte zu hinterfragen? – Ja, es ist wichtig, die Vergangenheit verstehen zu wollen, denn dort können wir erkennen, was die Gegenwart prägt, was letztlich auch unsere Persönlichkeit geformt hat. Die Vergangenheit ist das Fundament, das wir kennen müssen, um daraus für die Zukunft zu lernen. Es hilft uns jedoch nicht weiter, wenn wir die Vergangenheit, unsere bereits gemachten Fehler, dazu mißbrauchen, endlos darüber nachzugrübeln. *Es geht darum, nach dem Vergangenen zu fragen, damit wir aus den Antworten für die Zukunft lernen können.*

Es geht also um die Frage, *mit welchen Fragen* wir uns auseinandersetzen sollten!

2.3 Die Leichtigkeit des Fragens

Warum?
Warum?
Warum?
Warum?
fragen Kinder. Erwachsene glauben, bereits «alles» zu wissen!

- *Weshalb haben wir aufgehört zu fragen?*
- *Wissen wir bereits alles?*
- *Haben wir das Interesse verloren?*
- *Haben wir aufgehört, uns zu wundern?*

Kinder haben die wunderbare Fähigkeit, sich zu wundern und zu fragen, sie haben eine natürliche Wißbegier, die wir, je erwachsener wir werden, immer mehr verlieren. Kinder erkennen, was um sie herum geschieht, nicht als «selbst-verständlich» an. Selbstverständlich würde heißen, daß sich die Sache, die Situation, von selbst erklärt, so daß wir verstehen können, ohne nachdenken oder nachfragen zu müssen.

Wenn Sie Ihr fünfjähriger Sohn auf der Fahrt zum Kindergarten fragt, warum Sie bei Rot an der Ampel anhalten, so zeigt das die natürliche Bereitschaft des Kindes, seine Umwelt verstehen zu wollen. Für dieses Ziel setzt es Fragen ein, mit denen es Informationen erhalten kann. Nun liegt es an Ihnen, eine kindgerechte, verständliche Antwort zu formulieren. Manchmal haben auch Erwachsene ein Aha-Erlebnis, wenn sie sich bemühen, einen Vorgang bewußt aus der Perspektive des Kindes wahrzunehmen und die Frage aus seiner Lage heraus zu verstehen. Mit der für das Kind bestimmten Antwort

kann es auch dem Erwachsenen gelingen, eine bis dahin für

ihn vielleicht selbstverständliche Situation ganz neu oder tatsächlich erst ganz zu erfassen.

Schwieriger ist es natürlich, wenn Kinder wirklich philosophische Fragen stellen und sich von uns Antworten auf die Fragen unseres Daseins wünschen. Doch auch hier können wir von der Unbefangenheit der Kinder lernen, die diese Fragen stellen, Fragen, die wir manchmal gar nicht mehr vor uns oder anderen auszusprechen wagen.

Die Leichtigkeit des Fragens hängt also nicht zuletzt davon ab, wie sehr wir die Leichtigkeit des Daseins erleben. Fragen, um dazuzulernen, Fragen, um unsere Welt zu ergründen, setzen voraus, daß wir einen kindlichen Forscherdrang bewahrt haben und daß wir damit leben können, eben nicht alles zu wissen. Auf der Ebene der Lebensfragen bedeutet Leichtigkeit, es aushalten zu können, nicht auf jede – auch nicht auf jede für uns bedeutsame – Frage eine endgültige Antwort zu wissen.

2.4 Wir können nicht alles in Frage stellen!

Weshalb reagieren Personen in bestimmten Situationen in einer bestimmten Art und Weise? Weshalb reagiert Frau Müller ganz anders als Herr Schmitt? Wir haben Tausende von Erklärungsmustern, «Gedankenwegen» (siehe hierzu auch Kapitel: Die physiologische Dimension) und Rastern, mit denen wir Reaktionen uns selbst verständlich machen. Eine natürliche Funktion des menschlichen Gehirns sind Muster und Raster, die uns erklären helfen, was um uns herum geschieht. Unsere individuellen Erfahrungen bestimmen hierbei, welche Art von Rastern wir anlegen: «Ach ja, das letztemal hat er auch schon so reagiert» oder «Er ist eben einfach ein Choleriker». 31

Hätten wir diese Muster und Raster nicht, so müßten wir wirklich jederzeit wieder alles in Frage stellen – und das würde unser Leben unmöglich machen.

Erfahrungen und Verhaltensmuster, seien sie nun selbst erlebt, übernommen oder angelernt, spielen hierbei eine große Rolle. Sie bilden die Grundlage für die Muster, Raster und Gedankenwege, die wir in unserem Gehirn angelegt haben und die sich immer mehr einschleifen, je älter wir werden. Doch genau hier liegt das Problem: Je ausgetretener und vertrauter diese «Pfade» werden, desto unbeweglicher werden wir dabei, nach neuen Erklärungsmustern zu suchen (bzw. neue Gedankenwege zu gehen). Es hat auch etwas mit Bequemlichkeit und Selbstschutz zu tun, daß wir nicht ständig versuchen, unsere Umwelt in immer neuem Licht zu sehen.

- • *Wissen Sie eigentlich, wieviel Sie «nur» glauben und nicht wirklich wissen?*

- – Sie sehen ein Haus. Sie glauben, daß darin Räume sind.
- – Sie sehen einen Autounfall. Sie glauben, daß es keine Absicht war.
- – Sie sehen einen Mann, der mit einem Hund spazierengeht. Sie glauben, daß der Hund ihm gehört.
- – Sie hören die Nachrichten und sehen die Bilder dazu und glauben, daß alles wahr ist.
- – Sie sehen oder hören ...

Wenn wir uns darüber klarwerden, wie viele Dinge, Situationen, Erfahrungen wir als Tatsachen oder Wahrheiten hinnehmen – also annehmen, daß «es» so ist, ohne es genau zu wissen oder persönlich überprüft oder erfahren zu haben –, dann wird deutlich, wie wenig wir im Grunde wissen. Und es wird auch klar, daß das Gebäude unserer Wirklichkeit, in dem wir leben, ein wackeliges ist. Wir könnten es leicht zum Einstürzen bringen, wenn wir zum Beispiel an nichts mehr glaubten, was wir nicht exakt wissen. Das Gebäude unseres Lebens wäre nicht mehr tragfähig, es würde zusammenbrechen.

- *Können wir alles hinterfragen? – Nein.*
- *Wäre es sinnvoll, alles zu hinterfragen? – Nein.*

Aber wenn wir wieder anfangen, Fragen zu stellen, wenn wir uns an die kindhafte Leichtigkeit erinnern, die es schafft, soviel Neues zu erfahren und aufzunehmen, manches zu hinterfragen und somit das Fragen zu nutzen als eine Möglichkeit, zu lernen und uns auszurichten, dann beginnen wir mit einer persönlichen Entwicklung. Fragen initiieren Entwicklung, und Entwicklung bedeutet Fortschritt. Denken Sie daran, wie es die Kinder machen: Sie wundern sich und fragen.

Genau das ist unser Appell: Beginnen Sie heute, sich hin und wieder zu wundern und das, was passiert, was gesagt wird, in Frage zu stellen.

Fragen zu stellen ist im Grunde leicht, doch leider trauen wir uns manchmal nicht mehr zu fragen, weil wir annehmen, daß unsere Umwelt davon ausgeht, wir müßten schon alles wissen. Wir haben Angst, uns die Blöße zu geben, etwas nicht zu wissen. Liebe Leser, machen Sie sich klar, daß in unserer komplexen Welt schon lange niemand mehr alles wissen kann. Die Zeit der Universalgenies ist längst vorbei – und auch damals konnte nicht jedermann ein Genie sein! Es ist keinem Menschen möglich, Ingenieur, Kaufmann, Politiker und Hausfrau zugleich zu sein. Deshalb: Erfragen Sie sich das, was für Sie wichtig zu wissen und zu verstehen ist. Dabei möchten wir Ihnen mit einem Sprichwort aus China Mut machen:

«Wer einmal fragt, ist für fünf Minuten ein Dummkopf, wer niemals fragt, bleibt es für immer!»

Gestehen Sie sich also ein, nicht alles wissen zu können, erkennen Sie, daß Nichtverstehen der Normalzustand ist. Konzentrieren Sie sich auf Ihre Stärken, erkennen Sie, was Sie wissen. Dann richten Sie Ihre Aufmerksamkeit auf das, was Sie nicht wissen, und begeben Sie sich in den Aufnahme- und Lernmodus.

Nicht zu wissen ist Normalzustand.
Dies nicht einzugestehen ist Stillstand.
Stillstand ist Rückschritt.

Fragen bedeutet lebenslanges Lernen.
Fragen bedeutet, den Horizont auszuweiten.
Fragen bedeutet Wachstum.

2.5 Ein Exkurs in die Philosophie

muß uns natürlich zu Sokrates und seiner Maieutik führen, denn als Fragende sind wir bei ihm in guter Gesellschaft. Sokrates lehrte und lebte seine Philosophie, indem er auf dem Markt und in den Straßen den Menschen Fragen stellte. Seine Methode der Maieutik ist «Hebammenkunst»: Durch geschicktes Fragen wollte er die in einem Menschen liegenden Erkenntnisse zutage fördern. Sokrates war davon überzeugt, daß es zum Menschsein gehöre, über sich selbst wirklich Bescheid zu wissen und die Wahrheit zu suchen. Fragen hieß für Sokrates, sich selbst und anderen die Augen für die Wirklichkeit zu öffnen, auch wenn die Erkenntnisse unbequem waren. Er hinterfragte leidenschaftlich vor allem die großen Worte, die Werte seiner Zeit wie die Tugend, die Tapferkeit, die Redekunst. Sein Eingeständnis, auf seine Fragen selbst auch keine Antworten zu wissen, erleichterte es den staatstragenden Kritikern seiner Philosophie, ihn als unseriösen Aufrührer und Verführer der Jugend anzuklagen. So sehr verunsicherten seine Fragen die Machthabenden, daß nur sein Tod wieder Ruhe in die bereits erschütterten Grundfesten Athens bringen konnte. Und doch leben seine Dialoge, in denen er mit (oft genug suggestiv gestellten) Fragen das Gespräch voran- und seine Gesprächspartner in die Enge trieb, in den Schriften seines Schülers Platon weiter.

Ein Beispiel aus dem «Gorgias», einem Disput u. a. über die Rhetorik der Sophistiker, soll uns die Dialogkunst des Sokrates verdeutlichen:

Sokrates: Scheint dir Wissen und Glauben dasselbe zu sein oder etwas Verschiedenes?

Gorgias: Etwas Verschiedenes, meine ich.

Sokrates: Willst du also, daß wir zwei Arten von Überzeugung annehmen, die eine, die Glauben verleiht ohne Wissen, die andere aber Wissen?

Gorgias: Jawohl.

Sokrates: Welche von diesen beiden Arten von Überzeugung weckt nun die Redekunst vor Gericht und in sonstigen Massenversammlungen hinsichtlich des Gerechten und Ungerechten? Die, aus der sich ein Glaube ergibt ohne Wissen, oder die, aus der sich ein Wissen ergibt?

Gorgias: Offenbar die, Sokrates, aus der sich ein Glaube ergibt.

Sokrates: So ist also die Redekunst, wie es scheint, Meisterin einer Überzeugung, welche Glauben erweckt, nicht aber belehrt, und zwar über das Gerechte und Ungerechte.

Gorgias: Ja.

(Zitiert nach: Platon: Hauptwerke. Stuttgart 1973)

Cicero rühmte an Sokrates, er habe die Philosophie vom Himmel auf die Erde geholt. Zumindest gilt seit Sokrates die Definition, daß ein wesentlicher Grundstein der Philosophie das Infragestellen des Bestehenden ist. Daß das Infragestellen nicht nur die hinterfragten Werte und Gegebenheiten, sondern auch die Fragenden selbst gefährden konnte, zeigt uns das Schicksal des Sokrates, der für seine Radikalität in der Wahrheitssuche den Schierlingsbecher nehmen mußte.

Aber auch Galileo Galilei kam in arge Bedrängnis, weil er mit seinen Forschungen an *Tabufragen* seiner damaligen Welt rührte und seine naturwissenschaftlichen Erkenntnisse im Widerspruch mit der damals gültigen Auslegung der Bibel standen. An seinem Beispiel können wir exemplarisch die Macht des Fragens belegen, denn selbst die Tatsache, daß Galilei vor der Inquisition widerrief (also quasi seine Fragen zurücknahm), konnte den Durchbruch seiner Wahrheiten nicht aufhalten.

Berufliche Bedrängnis können auch noch in unserer Zeit Wissenschaftler erfahren, die an den *Tabufragen der christlichen Kirchen* rühren. Geht es um Grundwahrheiten wie den Glauben an die Auferstehung oder die Unbefleckte Empfängnis Marias, so duldet die kirchliche Dogmatik kein Hinterfragen, keinen Widerspruch, keine Diskussion. Berufsverbote sind die Daumenschrauben der modernen Inquisition, die manch fragender Theologe zu spüren bekam.

Wiederum ein Zitat des «Vaters aller Fragenden», Sokrates, leitet uns zum nächsten Abschnitt. In seiner Verteidigungsrede vor dem athenischen Gerichtshof sagt und fragt er: «Solange ich noch atme und dazu imstande bin, werde ich nicht aufhören zu philosophieren, euch ermahnend und entlarvend, wem immer unter euch ich begegne, und ich werde reden, wie ich es gewohnt bin: ‹Bester Mann, der du ein Athener bist, aus der größten und an Weisheit und Macht angesehensten Stadt, du schämst dich nicht, dich um möglichst viel Geld, Ruhm und Ehre zu sorgen, aber um Einsicht, Wahrheit und darum, daß die Seele so gut wie möglich werde, sorgst und kümmerst du dich nicht?›» (Zitiert nach Weischedel 1997, S. 33)

Sokrates spricht hier eine Unterscheidung an, die wir im nächsten Abschnitt weiterverfolgen werden: die Differenz zwischen primären und sekundären Fragen.

2.6 Primär- und Sekundärfragen

Wieviel Zeit verbringen Sie tagtäglich mit welchen Themen? Haben Sie sich dies schon einmal gefragt?

Wir laden Sie ein, sich eine aufschlußreiche *Tagesbilanz* zu erstellen. Führen Sie die Tätigkeiten eines Tages auf: Was haben Sie heute morgen gemacht, worüber haben Sie sich mit wem unterhalten, wie war Ihr Wortwechsel mit dem Kollegen, oder (an einem Sonntag) wie haben Sie sich den Tag eingeteilt, wann haben Sie sich wofür entschieden usw.?

Gehen Sie in einem zweiten Schritt die Liste durch, und notieren Sie Ihre Antworten auf die Frage: Wofür / für wen tat ich dies alles? Zur Fitneß meines Körpers, zum Training oder als intellektuelle Übung, um Geld zu verdienen, um eine Beziehung zu pflegen, zur Muße …?

Versuchen Sie dann in einem dritten Schritt zu erarbeiten, was Sekundär- und was Primäraktivitäten sind. Zur Klärung: Unter **Primäraktivitäten** verstehen wir Tätigkeiten, die Sie einzig zum Selbstzweck ausführen, also Tätigkeiten, die Sie tun, weil Sie genau dies tun wollen, z. B. Reiten, weil Sie reiten wol-

len oder in den Urlaub fahren, weil Sie fremde Länder kennenlernen wollen. Unter **Sekundäraktivitäten** verstehen wir all die
Tätigkeiten, die Sie erledigen, um andere (nämlich Primärtä-
tigkeiten – vermeintlich – besser) ausführen zu können: Das
Auto waschen, damit man mit dem Auto fahren kann, die
Wohnung putzen, damit Sie sich darin wohl fühlen, den Fernseher zur Reparatur bringen, damit Sie wieder fernsehen können, Lebensmittel einkaufen, um sich damit ein Essen zu kochen ...

Dabei gibt es natürlich auch häufig Sekundärtätigkeiten von
Sekundärtätigkeiten von ... (Ich gehe arbeiten, um Geld zu haben, um von der Bank Geld abheben zu können, um einkaufen
gehen zu können, um mir etwas kaufen zu können, um es ver-
schenken zu können, um jemandem zum Geburtstag eine
Freude machen zu können ... usw.)

Interessant sind nun für uns zwei Fragen:
- Wie viele Sekundärtätigkeiten müssen Sie ausführen, um ein
  Primärziel zu erreichen?
- Wieviel Energie fließt dabei in die Sekundärtätigkeiten be-
  ziehungsweise in die primären?

Bei dieser Gelegenheit könnten Sie sich fragen:
- *Sind Sie Hauseigentümer?*
- *Besitzen Sie ein teures Auto?*
- *Wieviel Zeit verbringen Sie in Ihrem Haus / Auto?*
- *Wieviel Zeit investieren Sie in Ihr Haus / Auto?*
- *Wie viele Gedanken «verschwenden» Sie an Ihr
  Haus / Auto?*
- *Was bekommen Sie dafür zurück?*
- *Besitzen Sie das Haus / Auto, oder besitzt es Sie?*

Primär- und Sekundärfragen

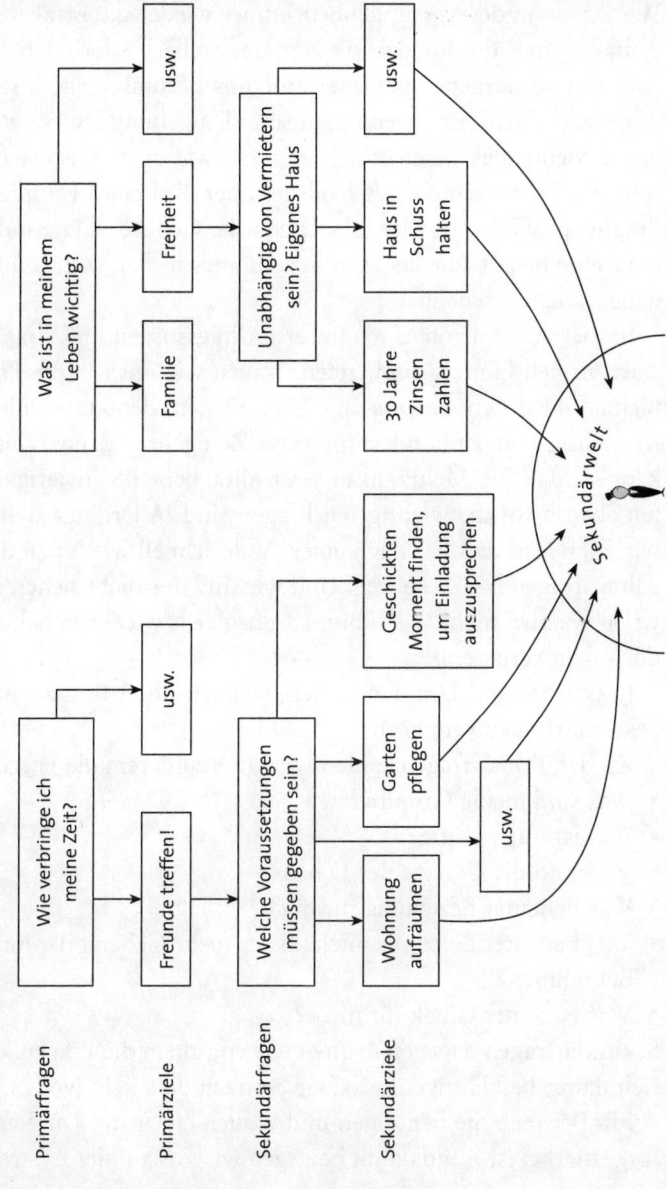

Wir haben in der Vergangenheit immer wieder die Erfahrung gemacht, daß die Fragen, die wir uns stellen, oder auch die Ängste und Sorgen, mit denen wir uns herumschlagen, sich drastisch relativieren, wenn in unserer Umgebung etwas wirklich Bedeutendes geschieht. Ereignisse wie zum Beispiel die schwere Erkrankung eines Kollegen, der Tod eines Familienmitgliedes oder Freundes, aber auch die Geburt eines Kindes oder eine neue Liebe lassen plötzlich alles bisher Vertraute in neuem Licht erscheinen.

In diesen Momenten, wo unsere Alltagssorgen und -fragen stark in den Hintergrund treten, fragen wir uns, ob die Probleme, mit denen wir uns tagtäglich plagen, denn tatsächlich so wichtig sind. Zumindest für kurze Zeit gelingt es uns, zu erkennen, daß die Mehrzahl unserer alltäglichen Schwierigkeiten eben nicht die wichtigsten Fragen sind. Allerdings stellen wir auch fest, daß wir nach einer Weile schnell wieder zu den Alltagsfragen zurückkehren. Und wir sind uns nicht sicher, ob wir uns dabei nicht wie schon so oft gleich wieder in Sekundärfragen verlieren.

Lassen Sie uns darauf eingehen, was wir unter Primär- und Sekundärfragen verstehen:

Zu den **Primärfragen** zählen wir unter anderem die Fragen:

- Was sind meine Grundwerte?
- Was ist mir wichtig?
- Was sind die Gesetze des Lebens?
- Was bedeutet Beziehung für mich?
- Was bedeutet Liebe für mich? Ist es mehr Geben oder mehr Bekommen?
- Was bedeutet Glück für mich?

Sekundärfragen dagegen nennen wir vor allem die Fragen, die sich damit beschäftigen, was wir besitzen oder sein wollen.

Ein Beispiel: Sie benötigen und wollen ein Auto. Die Kernfrage hierbei ist – und damit bewegen wir uns auf der Abstrak-

tionspyramide (siehe «Die Abstraktionspyramide, S. 75 ff.)
sehr weit oben: Wie komme ich von A nach B, es geht also um
Ihre Mobilität. Sekundärfragen dazu sind die Fragen nach
dem Modell, das Sie sich kaufen werden, wie Sie den Wagen
finanzieren können usw.

Wir möchten in der Unterscheidung zwischen Primär- und
Sekundärfragen nicht werten und etwa sagen, Sekundärfragen
seien grundsätzlich unnötiger Ballast. Nein, es geht letztlich
um die Frage des Bewußtseins, es geht darum, zu erkennen,
mit welchen Fragen wir uns auseinandersetzen und mit welchen wir unsere Zeit «verschwenden». Wie heißen für jeden
einzelnen von uns die Primärfragen, und welche sind unsere
Sekundärfragen? Lassen wir uns nicht sehr viele Sekundärfragen «von außen» vorgeben, weil es andere so von uns erwarten? Geht man nur noch deshalb zum wöchentlichen Stammtisch, weil man sonst nicht mehr dazugehören würde (was ist
primär, was sekundär?). Wir meinen, daß wir uns öfter um
wesentliche Dinge kümmern, uns verstärkt mit wesentlichen
Fragen auseinandersetzen sollten, um ein selbstbestimmtes,
bewußtes Leben führen zu können.

Stellen wir uns die richtigen Primärfragen, so werden wir das
Haus oder das Auto besitzen und verhindern, daß diese Dinge
uns besitzen und unsere gesamte Zeit und Energie in Anspruch
nehmen und somit zum Selbstzweck werden. In dem Moment,
in dem Ihr Auto vor der Tür steht und Sie sich ständig darum
sorgen, ob jemand den Lack verkratzt, oder Sie sich ängstlich
fragen, wie lange der Motor wohl noch halten wird, wie Sie die
Finanzierung bewältigen usw., ab diesem Moment läuft etwas
falsch, und es lohnt sich, sich darüber Gedanken zu machen
und sich zu fragen, ob es eine andere Möglichkeit gibt, Ihr Primärziel (Mobilität, Image usw.) zu erreichen.
Sie könnten sich fragen:

- *Weshalb will ich einen Mercedes / BMW / usw. besitzen?*
- *Macht es mir einfach nur Spaß, ein solches Auto zu fahren?*
- *Hat es etwas mit meinem Image zu tun?*
- *Inwieweit leitet mich mein Verlangen nach einem guten Image?*
- *Stimmt mein daraus resultierendes Leben / Verhalten / Streben mit meinen Grundwerten überein?*

2.7 Die Kunst der Unterscheidung: Welche Lebensfaktoren kann ich beeinflussen?

Bei der Suche nach einer Antwort auf die Frage, mit *welchen Fragen* wir uns denn nun auseinandersetzen sollten, gibt es eine gute Hilfestellung. Natürlich kann man grundsätzlich alles er-fragen. Auf viele Dinge haben wir allerdings keinen Einfluß. Wenn wir uns also auf die Dinge konzentrieren, die wir wirklich selbst bestimmen können, dann haben wir die Chance, die Erkenntnisse aus unseren Fragen auch gleich umzusetzen.

Deshalb:

- Erkennen Sie, was Ihr Einflußbereich ist!
- Erkennen Sie, was Sie nicht beeinflussen können!
- Konzentrieren Sie sich auf die Gegebenheiten, die Sie selbst in der Hand haben!

Love it, leave it or change it
ist ein Motto, dem wir in den letzten Jahren öfter begegnet sind. Sich mit Fragen auseinanderzusetzen, die nicht weiterbringen, die nicht von uns selbst direkt oder indirekt beeinflußbar sind, wird mit Sicherheit zu einer Quelle der Frustration. Konzentrieren Sie sich deshalb auf die Fragen, die sich in Ihrem Einflußbereich befinden. Dann sind Sie ein echter «Bestimmer», wie es Kinder so treffend ausdrücken.

2.8 Fragen als Lernmodus

Mit der «Philosophie des Fragens» geht es uns zum einen um die Fragen, mit denen wir uns tagtäglich beschäftigen, und zum anderen um unsere wiederbelebte Fähigkeit, das Richtige in Frage zu stellen. Begeben Sie sich wieder mehr und mehr in den Aufnahme- und Lernmodus, denn nichts um Sie herum ist selbst-verständlich. Und überlegen Sie sich, welche Fragen für Sie persönlich wichtig sind. Welches sind die Primär- und welche die Sekundärfragen Ihres Lebens, und was möchten Sie in Zukunft alles erfragen? Mit diesen Gedanken bestimmen Sie dann auch, womit Sie sich in Zukunft auseinandersetzen wollen, was Sie *lernen* wollen und auch «wie».

Ergründen Sie, welche Fragen für Sie wichtig sind. Und welche sind es für Ihren Partner, Ihre Partnerin, Ihre Geschäftskollegen, Ihre Freunde und Kinder? Wenn Sie die Fragen kennenlernen, die diese Menschen beschäftigen, wird es Ihnen vielleicht zukünftig gelingen, mit einer kleinen Geste viel mehr zu erreichen als mit tausend Sekundärtätigkeiten, von denen Sie heute glauben, daß Sie sie brauchen, um Primärziele zu erfüllen, von denen Sie heute nicht wissen, ob Sie sie tatsächlich haben. **43**

Wir laden Sie ein zu einer Reise durch die Welt des Fragens. Viele Aspekte, Sichtweisen und Meinungen, Übungen, Tips und auch zahlreiche Gegenfragen werden Sie begleiten und den Weg interessant und gewinnbringend gestalten.

II. Das 3D-Modell des Fragens

1. Die physiologische Dimension: Die Wirkungsweise des Gehirns nutzen lernen

Die Fortschritte, die die Gehirnforschung innerhalb der letzten Jahre gemacht hat, sind enorm. Viel gute, wissenschaftliche Literatur ist hierzu auf dem Markt zu finden. Für unsere Zwecke möchten wir Ihnen die Wirkungsweise des Gehirns jedoch auf eine sehr pragmatische, vereinfachte und bildhafte Art nahebringen. Eine Art, die es uns nachher leicht ermöglichen wird, Rückschlüsse auf unser Thema «Fragen» abzuleiten.

1.1 Das menschliche Gehirn ist wie eine riesige Landkarte

Auf dieser Landkarte gibt es mehrere Millionen Punkte, die zusammengesetzt die gesamte Landkarte darstellen. Es gibt Straßen, Wege, und selbst die kleinsten Pfade sind darauf verzeichnet. Um auf diesen Straßen, Wegen und Pfaden zu gehen, müssen Sie Kraft aufwenden, um einen Schritt nach dem anderen zu tun. Dieses Bild paßt zur Wirkungsweise unseres Gehirns. Ähnlich der Kraft, die wir aufwenden müssen, um einen Schritt nach dem anderen zu gehen, muß in den Gehirnzellen Energie (Strom) aufgewendet werden, um von einer Gehirnzelle in die andere zu kommen.

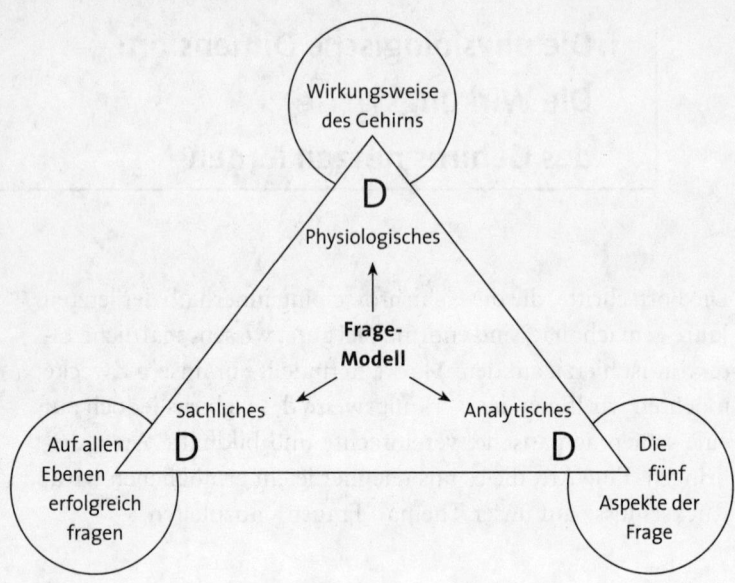

1.2 Neue Wege erfordern mehr Kraft

Wenn wir uns nun einen Gedankengang wie einen Weg oder einen Pfad vorstellen, dann fällt es uns leicht, nachzuvollziehen, daß ein Weg, den wir schon einmal gegangen sind, wieder leichter zu beschreiten ist als ein neuer Weg, den wir vorher noch gar nicht kannten. Auch das Gehirn folgt dieser Wirkungsweise. Je öfter eine Bahn – eine Aneinanderreihung vieler Gehirnzellen – «gegangen», gedacht bzw. geübt wurde, desto leichter fällt es uns, dies wieder zu tun.

Stellen Sie sich hierzu einen gepflegten mitteleuropäischen Wanderweg vor, vielleicht sogar einen Rundweg, den Sie schon öfter allein oder mit Freunden gegangen sind. Mit

48

Das menschliche Gehirn ist eine Landkarte

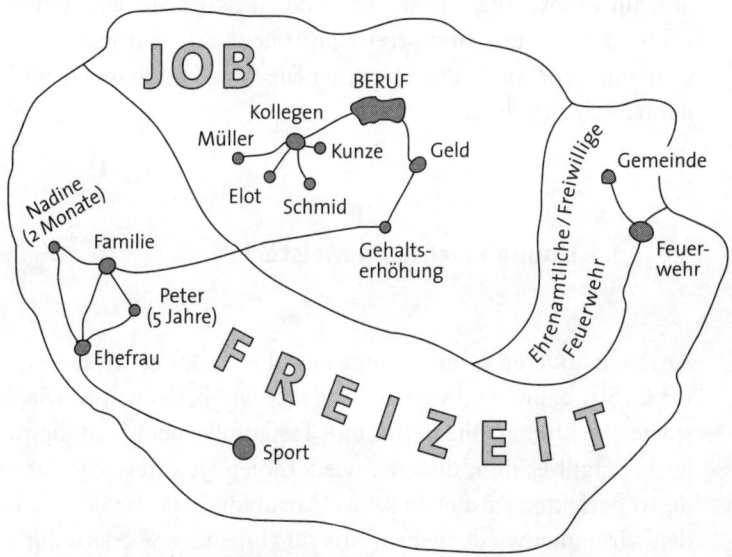

Im Lauf des Lebens baut sich jeder Mensch
seine eigene «Landkarte des Lebens» auf.

Leichtigkeit folgen wir den Wegweisern, deren Symbole wir
bereits kennen, und sind sicher, daß sie uns ohne Probleme an
das Ziel des Weges bringen. Auch dieses Ziel birgt keine Über-
raschungen mehr für den Wanderer. So «laufen» wir die siche-
ren, bekannten Gehirnbahnen ab, wenn wir uns selbst oder
andere uns Fragen stellen, die uns vertraut sind, deren Antworten wir vielleicht sogar bereits kennen.

Wie anders erleben wir Szenen in Abenteuerfilmen, in denen
sich mutige Menschen mit Macheten den Weg durch bisher
unerforschten Urwald bahnen, bewegt von einer Energie, die
sie vorwärts treibt, um an ein Ziel zu gelangen, von dem sie

nicht mit Sicherheit sagen können, ob sich der mühsame Weg dorthin lohnt. Aber sie suchen eine Antwort auf eine ihnen wichtige Frage und sind bereit, dafür neue Schneisen zu schlagen, mit großem Kraftaufwand neue Wege zu bahnen und dann auch zu gehen.

1.3 Übung macht den Meister!

Auch ein anderer Vergleich hilft uns, die Wirkungsweise unserer Gehirnbahnen zu verstehen. Es ist wie bei einem Klavierspieler: Je öfter er eine bestimmte Tastenfolge geübt hat, desto leichter fällt es ihm, diese zu wiederholen. Je öfter er sie übt, desto perfekter wird er in seiner Ausübung. Das ist der Pfad, den wir immer wieder gehen. Mit zunehmender Wiederholung prägt er sich tief und tiefer ein. Irgendwann gehen wir ihn mit verbundenen Augen, und aus dem Pfad wird ein Weg, die Fußstapfen werden breiter und größer. Meister in einer Sache werden Sie durch ständiges Üben!

Fassen wir also zusammen: Die Landkarte – unser Gehirn – besteht aus Millionen von Punkten (Gehirnzellen). Jeder dieser Punkte ist für uns erreichbar und kann durch einen bestimmten Kraftaufwand mit anderen Punkten verbunden werden, indem wir uns Schritt für Schritt dorthin bewegen (durch Stromimpulse von Zelle zu Zelle).

Nicht jeder Ort auf unserer Landkarte wurde schon von uns besucht, das heißt, nicht jede Zelle im Gehirn wird laufend aktiviert. Manche Punkte erreichen wir ein Leben lang nicht, viele unserer Gehirnzellen werden also niemals von uns genutzt. Andererseits können aber mehrere Wege (viele verschiedene Gehirnbahnen) gleichzeitig beschritten werden: Wir können zum Beispiel spazierengehen und dabei über unsere Arbeit nachdenken. Wie uns Wege, die wir öfter gehen, immer vertrauter werden, so verstärken sich Gehirnbahnen, die wir wiederholt nutzen («Übung macht den Meister!»). Bahnen, die einmal «breitgetreten» – verstärkt – wurden, werden sich selten wieder zu schmalen Pfaden zurückentwickeln.

Gewohnheiten entstehen, weil es uns leichter fällt, in den gleichen Bahnen weiterzudenken, immer wieder das gleiche zu tun, als mit viel größerem Kraftaufwand neue Bahnen anzulegen – und somit unsere Gewohnheiten zu verändern. Viele dieser Straßen wurden schon in unserer frühen Sozialisation angelegt (Denkmuster, Fertigkeiten, Eßverhalten usw.), und deshalb tun wir uns oft sehr schwer damit, anstelle dieser früh gebahnten Wege neue Pfade zu finden und zu beschreiten.

Im folgenden möchten wir darauf eingehen, was die wesentlichen Ergebnisse bei der Betrachtung der physiologischen Dimension des Denkens, namlich
• daß wir in Bahnen denken und
• daß es immer aufwendiger für uns ist, in neuen Bahnen zu denken,
für das Thema dieses Buches, *das Fragen*, bedeuten. Dabei werden wir verschiedene Aspekte beleuchten: Was geschieht beim Befragten, beim Frager, was, wenn ich mich selbst frage, welchen Einfluß hat die Art und Weise des Fragens auf die Gehirntätigkeit, und, schließlich, wie wirkt sich die Verwendung von sprachlichen Bildern aus.

Wir befinden uns grundsätzlich im «Sendemodus», wir sind also eher auf Wiedergabe als auf Aufnahme eingestellt. Aktives Zuhören fällt uns schwerer, als zu reden und uns mitzuteilen.

Wir möchten uns in diesem Abschnitt nicht mit Fragen beschäftigen, die meist gar keine wahrhaftigen Fragen sind, wie zum Beispiel «Wie geht es dir?». Mit ihnen ist oft kein echtes inhaltliches Interesse verbunden, es handelt sich eher um ein Ritual, wenn man diese Frage stellt. Wir möchten an dieser Stelle von wahrhaftigen Fragen sprechen, Fragen, die ein vitales Interesse an einer Person oder an einer Sache darstellen.

Stellen Sie sich vor, Sie treffen einen Bekannten auf der Straße, und er stellt Ihnen statt der «rituellen» Frage «Wie geht es dir?» die Frage: «Hast du heute deine Frau (deinen Mann, dein Kind) schon geschlagen?» Sicherlich würde diese Frage einiges bei Ihnen in Bewegung setzen. Sämtliche bei Ihnen angelegten Straßen, Wege und Pfade (also Denkpfade, Gefühlspfade) wären in Aufruhr. Diese Frage und die dadurch ausgelösten Gedanken passen in keiner Weise zu den Wegen, die Sie bisher gegangen sind oder gedacht und gelebt haben. Alles, was diese Frage bei Ihnen auslöst, widerspricht Ihren manifesten Überzeugungen (breite Straßen/Denkpfade), die Sie sich durch Ihre Sozialisation aufgebaut und im Laufe Ihres Lebens weiter ausgebildet haben. Andererseits leitet Sie diese Frage aber auf andere Wege; neue Gehirnzellen werden aktiviert. Alles in Ihrem Gehirn rebelliert, Sie möchten diesen Gedanken nicht weiterdenken, er erscheint absurd. Dieser Gedankenpfad wird sich wohl nicht verbreitern.

Eine positivere Frage: Ein Mann beschäftigt sich seit längerem innerhalb seiner Arbeit mit einem Thema, bei dem er nicht weiterkommt. Er findet keine Lösungsansätze, um dieses Thema positiv in die richtige Richtung zu lenken. Nun, wir alle wissen, wie viele Themen es gibt, bei denen wir nicht immer sofort Lösungen parat haben, neue Denkansätze finden oder gar innovative Ideen aus dem Ärmel schütteln.

Die *Frage* eines Außenstehenden kann in einer solchen Situation sehr hilfreich sein!

Derjenige, der sich mit einem Thema befaßt, ist in der Regel auch derjenige, der es schon relativ gut durchdrungen hat. Doch genau hier an dieser Stelle, an der vermeintlich keine Lösungsansätze in Sicht sind, können *Fragen* eines Außenstehenden Blockierungen lösen und neue Denkansätze freilegen.

Fragen können hier in ganz andere Bahnen lenken. Nehmen wir an, unser Mann aus dem Beispiel bewegt sich mit seinen Gedanken – bildlich gesprochen – in einem Quadranten rechts unten auf der Gehirnlandkarte. Eine Frage, die sich in einem Quadranten in der Mitte der Landkarte befindet und im ersten Moment gar nichts mit dem Thema zu tun hat, kann trotzdem eine ganz neue Idee in ihm auslösen. Ob er sie weiter verfolgt, wie breit diese Denkbahn wird, hängt davon ab, wie intensiv er an dieser neuen Sichtweise arbeitet.

1.5 Was geschieht beim Fragenden?

Wir wollen hier davon ausgehen, daß es sich um eine wahrhaftige Frage handelt, das heißt, daß der Fragende ein vitales Interesse daran hat, zu lernen, zu verstehen und auf den anderen einzugehen.

Stellen wir uns eine Situation aus dem Berufsleben vor: Ein Kollege kommt auf einmal des öfteren zu spät zur Arbeit, er arbeitet merklich unkonzentriert, hält Termine nicht ein, wirkt angespannt und reagiert hin und wieder aggressiv – alles Symptome, die Sie bisher nicht an ihm beobachtet haben.

Wenn Sie ihm nun die Frage stellen: «Was ist mit dir los, was hat zu dieser Veränderung geführt?», werden Sie sich in den Aufnahmemodus begeben. Dieser Aufnahmemodus wiederum bewirkt Ihre Bereitschaft, in neuen Bahnen zu denken. Seine Antwort, die sein verändertes Verhalten begründet, könnte Sie tatsächlich dazu bewegen, eine neue Sichtweise anzunehmen, einen Paradigmenwechsel zu vollziehen. Neue Denkbahnen werden bei Ihnen angelegt. Ihr Spektrum erweitert sich.

Wenn Sie jedoch auf der Grundlage einer Be- oder gar Verurteilung des Verhaltens Ihres Kollegen etwa die Frage gestellt hätten: «Kannst du dich nicht ein bißchen zusammenreißen?», so hätte bei Ihnen der Prozeß des Paradigmenwechsels nicht einsetzen können. In Ihrem Bewußtsein (und Ihrem Gehirn) hätten Sie die ersten Schritte auf dem vielleicht altbekannten «Vorurteilspfad» beschritten, der da heißt: «Dieser Mitarbeiter ist faul, bequem, unzuverlässig ...» – und er hätte Sie mit seinen Erklärungsversuchen nur schwer auf eine andere Denkbahn lenken können.

Ein Beispiel aus dem Privatleben demonstriert ebenfalls diese Wirkung: Eine langjährige Freundin, mit der Sie seit langem wöchentlich telefonieren, meldet sich auf einmal nicht mehr. Sie rufen sie schließlich an und fragen sie, was denn nur mit ihr geschehen sei.

Diese offene Frage an die Freundin kann vieles bewirken. Nehmen wir an, diese Freundin hatte zuvor einen Paradigmenwechsel vorgenommen. Nehmen wir an, sie hatte die vergangenen Jahre ihrer Freundschaft reflektiert und sich gefragt: «Was hat mir diese Beziehung über die ganzen Jahre gegeben, was habe ich gegeben?» Diese Freundin hat dann in ihrer Reflexion unter Umständen festgestellt, daß die Freundschaft für sie – im Rückblick – nur oberflächlich war. Sie entscheidet nun, daß sie keine oberflächlichen Beziehungen mehr pflegen will. Zunächst einmal bedeutet diese Mitteilung einen harten Schlag für Sie. Die ehrliche Antwort der Freundin kann in Ihnen jedoch auch sehr viel Positives auslösen.

Wie auch immer, wichtig war für den Moment, daß Sie *gefragt* haben, daß Sie sich offen gezeigt haben, daß Sie in den Aufnahmemodus gegangen sind und verstehen und lernen wollten.

TIP: Je öfter Sie sich in den Aufnahmemodus begeben, desto mehr werden Sie lernen, desto weiter wird Ihr Blickfeld. Paradigmenwechsel (neue Sichtweisen) werden Ihnen immer leichter fallen.

1.6 Was geschieht bei mir, wenn ich mir selbst Fragen stelle?

Bleiben wir beim vorhergehenden Beispiel. Sicherlich dauert es zuerst einmal einige Zeit, sich mit diesem Verlust abzufinden, ihn zu verarbeiten. Allerdings kann auch nach einiger Zeit ein sehr positiver Prozeß einsetzen. Sie selbst beginnen zu reflektieren, Sie fragen sich ebenfalls, was Ihnen diese Beziehung im Grunde gegeben hat. Sie stellen unter Umständen fest, Sie hätten viel mehr von dieser Beziehung profitiert als Ihre Freundin, oder aber Sie kommen im Rückblick ebenfalls zu dem Schluß, daß die Beziehung im Grunde auch für Sie oberflächlich war.

Ein Lerneffekt hierbei könnte sein, daß Sie erkennen, wie wichtig es ist, immer wieder zu reflektieren, zurückzuschauen auf Ihr Leben, auf Ihre Freunde, auf die Dinge, mit denen Sie Ihren Tag verbringen, darauf, wie Sie sich tagtäglich verhalten, wie Sie sich anderen Menschen gegenüber geben usw.

- *Tun Sie wirklich die Dinge, die Sie tun möchten?*
- *Was sind Ihre Werte?*
- *Durch wen werden Sie stark beeinflußt?*
- *Haben Sie Vorbilder?*
- *Was können Sie morgen ändern?*

Wir behaupten: Sich selbst und das, was Sie tun, immer wieder in Frage zu stellen ist eine *proaktive* Haltung. Es ist eine Grundhaltung, die Sie dazu führen wird, nicht alles als selbstverständlich hinzunehmen, Ihr Leben bewußt zu leben und selbstbestimmt zu gestalten.

TIP: Versuchen Sie öfters, eine andere Perspektive einzunehmen. Mit dieser neuen Grundhaltung sollen Sie sich selbst und Ihre Umwelt nicht einfach hinnehmen, sondern immer wieder in Frage stellen.

Viele neue Gedankenbahnen werden sich als Folge bei Ihnen anlegen. Die eine oder andere werden Sie nicht weiter verfolgen, andere jedoch werden sich bei Ihnen tief einprägen und zu neuen Pfaden, Wegen oder gar Straßen auf Ihrer Landkarte der Gedanken werden.

1.7 Welchen Einfluß hat die Art und Weise des Fragens auf unser Gehirn?

Sind Sie sich darüber im klaren, wie sehr die Art und Weise, in der Sie eine Frage stellen, darauf Einfluß hat, was von ihr und wie sie beim anderen ankommt?

In diesem Abschnitt wollen wir zunächst nur auf einige Aspekte dessen eingehen, was im Gehirn unter dem Einfluß der Art und Weise, in der eine Frage gestellt wird, geschieht. Die weitreichendere Bedeutung der Art und Weise des Fragens wird noch an anderer Stelle ausführlicher behandelt (vgl. «Die Art und Weise des Fragens», S. 104 ff.).

Im Gehirn geschehen immer mehrere Dinge gleichzeitig. Erinnerungen – und diese prägen unsere heutige Sichtweise der Dinge sehr stark – sind ganze Bündel an Informationen, es sind Gedankenpfade, Gefühlspfade, Geruchspfade, Geschmackspfade, Klangpfade: Ist es Ihnen schon einmal passiert, daß Sie durch einen Geruch, der Ihnen in die Nase stieg, in Sekundenschnelle an etwas aus früheren Zeiten erinnert wurden und daß diese Erinnerung von intensiven Gefühlen begleitet war?

Da wir nun wissen, daß in der Regel das Gehirn nicht nur mit dem Gehirnteil reagiert, in dem Wahrnehmungen rational verarbeitet werden, sondern ganzheitlich, können wir dies natürlich auch positiv nutzen. Wir können unsere Art und Weise, zu fragen, auf diese Funktion des Gehirns einstellen.

Nehmen wir das Beispiel der assoziativen Frage:

«Was fällt dir noch dazu ein, wenn du an den Tod deines Großvaters denkst?»

«Kennst du irgendwelche Synonyme hierzu?»

«Hast du eine ähnliche Situation schon einmal erlebt?»

Hier macht das Gehirn wahrhafte Gedankensprünge: Ganz

andere, unter Umständen schon fast vergessene Bahnen werden reaktiviert und fügen sich mit dem Neuen vielleicht zu etwas anderem, etwas Größerem zusammen. Ein neues Blickfeld ist entstanden!

Betrachten wir das Beispiel einer Frage, die auf empathische Weise gestellt wird: «Ich kann sehr gut nachvollziehen, wie es dir geht, aber willst du nicht trotzdem offen mit mir darüber sprechen?» Bei dieser Frage werden ganz sicher einige unserer Gefühlspfade reaktiviert. Ein Gefühl kommt auf, wie Sie es schon einmal erlebt haben, es ist das Gefühl, daß jemand Sie bedingungslos annimmt. Eine ganz andere und viel bessere Voraussetzung, um über ein Problem zu sprechen!

Was lernen wir daraus? Stellen Sie sich zu hundert Prozent auf die andere Person ein, seien Sie offen für Ihren Gesprächspartner. Geben Sie ihm das Gefühl, daß er in diesem Moment der wichtigste Mensch für Sie ist!

Was geschieht jedoch bei einer gefilterten Frage? Zum Beispiel der: «Ich weiß, du bist Fußballfan, doch wie denkst du angesichts der verheerenden Krawalle der letzten Wochen über weitere Sicherheitsmaßnahmen?» Hier hat der Fragende die Denkwege und -pfade schon von vornherein eingeschränkt. Ganz im Gegensatz zur assoziativen Frage schränkt er das Spektrum der möglichen Antworten ein. Es werden weniger Gehirnzellen angesprochen als bei der assoziativen Frage.

Oder bei einer indirekten Frage wie der folgenden: Ein Mitarbeiter in einer Firma mußte sich einen Geschäftswagen ausleihen, um einen Kundenbesuch machen zu können. Wieder in der eigenen Firma angekommen, trifft er einen Kollegen auf dem Parkplatz. Dieser stellt ihm die Frage: «Ist das ein Geschäftswagen?»

Er stellte die Frage, obschon es ganz offensichtlich war, daß es sich um einen Geschäftswagen handelte. Sofern der Gefragte aufmerksam war, muß diese Frage in seinem Gehirn gewaltige Gedankensprünge verursacht haben, denn auch für ihn war offensichtlich, daß es sich um einen Geschäftswagen handelte. Was war also die tatsächliche Frage und was hatte den anderen dazu veranlaßt, diese indirekte Frage zu stellen?

Eine indirekte Frage öffnet der Spekulation Tür und Tor. Dies halten wir für nicht so wichtig, viel bedeutsamer erscheint es uns, den Gesprächsprozeß bewußt für sich selbst zu reflektieren.

Das Beispiel einer indirekten Frage aus dem Familienalltag macht noch deutlicher, was alles eine Frage dieses Typs auslösen kann. Der vierzehnjährige Sohn sitzt am späten Nachmittag vor dem Fernseher, die Mutter kommt ins Zimmer und fragt ihn: «Schreibst du nicht morgen eine Englisch-Arbeit?»

Natürlich kann der Sohn jetzt nur mit «Ja» antworten, denn die Mutter kennt seine Schulaufgabentermine meist besser als er selbst. Die Absicht der Mutter war jedoch, die Gedanken des Sohnes auf die Frage hinzulenken, ob er wirklich alles getan hat, um sich auf die Arbeit vorzubereiten. Die Frage wird den Sohn im günstigsten Fall dazu anregen, noch einmal den Stoff der Arbeit in seinem Gehirn abzuchecken, um sich zu bestätigen, daß er entweder wirklich genug oder eben noch nicht genug für die bevorstehende Arbeit gelernt hat. Die Mutter konnte bei ihrem Sohn durch die indirekte Frage mehr Gehirnbahnen aktivieren, als es dem Betrachter zunächst erscheinen mag.

Auch die Sekretärin, deren Chef ihr über die Schulter schaut und ihr die Frage stellt: «Denken Sie, es macht Sinn, daß *Sie* diese Arbeit tun?», öffnet bei seiner Angestellten eventuell einige neue Bahnen des Denkens, auf denen sie ihre Arbeitsgebiete kritisch befragen und überdenken könnte.

Schon diese wenigen Beispiele demonstrieren uns, daß die Art und Weise, wie uns eine Frage gestellt wird, ganz entscheidend sein kann für das Beschreiten neuer, oft weitreichenderer Wege auf unserer Gehirnlandkarte.

1.8 Wie wirken sich sprachliche Bilder beim Fragen aus?

Bilder und Kreativität entstehen primär in der rechten Gehirnhälfte. Ist Ihnen schon einmal aufgefallen, wie anregend es ist, wenn jemand in Bildern oder Metaphern zu Ihnen spricht? Und ist Ihnen dabei bewußt geworden, daß Sie diese weitaus besser in Erinnerung behalten können als abstrakt formulierte Informationen? Wirkt Kino- oder Fernsehwerbung intensiver auf Sie als Radiowerbung? Wir sind sicher, daß es so ist!

Wie denken Sie über das Rauchen? Sofern Sie zu den Millionen Rauchern gehören, assoziieren Sie tendenziell etwas Positives und etwas Negatives damit, weil Sie einerseits ja gerne rauchen, es aber im Hinblick auf die unbestreitbaren Gesundheitsrisiken immer noch nicht geschafft haben, damit aufzuhören.

Sofern Sie Nichtraucher sind, fällt es Ihnen schwer, etwas Positives mit dem Rauchen zu verbinden. An einem Abend im Kino sehen Sie eine Werbung für Zigaretten. Diese ist witzig und unterhaltsam aufgebaut, so daß Sie noch den ganzen Abend darüber lachen müssen. Sie vergessen diese komischen Bilder nicht mehr. Sie haben jetzt eine positive Assoziation für eine Sache, mit der Sie sich in der Vergangenheit und wahrscheinlich auch zukünftig nicht identifizieren möchten. Trotzdem haben diese Bilder ihre Wirkung hinterlassen: eine positive Wirkung, etwas, womit Sie sich identifizieren können.

Eine Information besteht in der Regel aus vielen Einzelinformationen, die im Gehirn abgespeichert werden, es sind Gefühle, rationale Gedanken, Bilder, Gerüche usw., also ein ganzes Bündel an Wahrnehmungen und Eindrücken. Bilder haben eine enorme Kraft, und eine mit einem Bild abgespeicherte Information ist weitaus besser wieder in Erinnerung zu rufen als zum Beispiel eine Zahlenreihe wie bei einer Telefonnummer.

Mit dem Sohn eines unserer Freunde spielen wir gerne das Spiel «Einkaufszettel». Wir müssen acht Dinge einkaufen. Anhand einer sehr bildhaften Geschichte erzählen wir ihm, was wir einkaufen müssen. Ein Beispiel: Ein Mann geht aus seiner Wohnungstür, rutscht auf einer Bananenschale aus und fällt direkt mit der Nase in den Zucker, den die Nachbarin tags zuvor verloren hatte. Das ganze Gesicht juckt den Mann jetzt.

Wir merken uns also: Banane und Zucker!

Der Mann tritt aus dem Haus und bekommt als erstes den frischen Geruch von Brötchen in die Nase. Er stellt sich dabei den Bäckerladen vor, in dem die frischen Brezeln in Massen in einem Korb liegen, er spürt die Wärme, die in diesem Laden herrscht.

Wir merken uns Brötchen und Brezeln!

Wir könnten die Geschichte nun lange so fortführen, und wir laden Sie ein, dieses Spiel einmal mit etwa zwanzig Begriffen durchzuführen. Sie werden sich mit Hilfe von Geschichten, **61** die Sie um die Begriffe herum erfinden und erzählen, mühelos alle zwanzig Wörter merken können.

Was will uns dies aber über die Wirkungsweise unseres Gehirns sagen?

Je stärker eine Erinnerung mit sinnlichen Wahrnehmungen, Bildern, Gerüchen, Geschmack, Tönen usw. angereichert ist, desto besser ist sie wieder zu reaktivieren. Anders ausgedrückt: *desto breiter und vernetzter ist der Pfad in unserem Gehirn verankert.* Der Zugriff auf diese Information kann also über mehrere Ansatzpunkte erfolgen.

Diese Tatsache können wir natürlich auch nutzen, um auf unsere Fragen «intensivere» Antworten zu bekommen. Intensiver im Sinne von gesamtheitlicher. Wir fragen nicht nur eine Teilinformation ab, sondern fragen nach der gesamten Information, nach Bildern, Gefühlen und Sinnen.

> **TIP:** Aktivieren Sie durch die Art der Formulierung Ihrer Frage so viele Sinne und Bilder im anderen wie möglich.

1.9 Noch etwas Verrücktes zum Schluß?

Was heißt denn verrückt? Verrückt heißt: ver-rückt, vom normalen Weg abweichend, anders als «normal». Genau darin liegen jedoch sehr viel Potential, große Kraft und oft neue, kreative Denkansätze. Nehmen wir das Beispiel des sogenannten Brainstorming: Im Brainstorming ist es erlaubt, alles zu sagen, alles wird erst einmal ungefiltert und unbewertet aufgenommen. Jeder darf alles sagen, was ihm gerade zu diesem Thema einfällt. Auch total ver-rückte Gedanken sind erlaubt.

Gerade diese Methode führt angesichts der Wirkungsweise des Gehirns zur Entdeckung ganz neuer Bahnen, Wege und Gedankengänge. Neues Potential wird frei, auf das wir alleine wahrscheinlich niemals gekommen wären.

Warum sollten wir also die Wirkungsweise des Brainstorming nicht auch auf das Thema Fragen ausweiten? Stellen Sie neue Fragen, stellen Sie ver-rückte Fragen, denken Sie quer. Ganz gleich, ob Sie sich diese Fragen selbst oder ob Sie sie anderen stellen, diese Fragen werden neue Gehirnzellen aktivieren, neue Gedankenbahnen erschließen.

2. Die analytische Dimension: Die fünf Aspekte einer Frage erkennen

Jede Frage ist mehr als eine Frage. So simpel sie auch zunächst erscheinen mag, so aufschlußreich kann sie dennoch sein: Sie sagt etwas über den Fragenden, über das erfragte Thema, über den Befragten und oftmals auch über das Verhältnis der beiden zueinander. Sobald eine Frage gestellt wurde, hat man schon mehr Antworten auf der Hand, als man zunächst glaubt.

Wenn wir im folgenden Fragen auf ihre verschiedenen Aspekte hin untersuchen, werden wir schon bald ein ganz neues Verständnis des Fragens erwerben. Fragen werden zukünftig für uns nicht mehr nur eine «Aufforderung zur Antwort» sein, sie werden vielmehr als Frage allein schon viele Antworten liefern und noch mehr Fragen aufwerfen. Wenn es uns gelingt, die immanenten Bestandteile einer Frage zu identifizieren, werden wir auch in der Lage sein, richtige Antworten zu geben: Antworten auf den impliziten und den expliziten Inhalt, Antworten auf die Beziehung, auf die Annahmen oder auf die Art und Weise einer Frage. Wir werden geschickt im Fragen und Antworten werden, wir werden kommunikative Stärke entwickeln.

2.1 Das explizite Interesse

Das explizite Interesse meint das ausdrücklich beschriebene, das den Worten entnehmbare Interesse, das der Fragende hegt. In der Frage «Können Sie mir den schnellsten Weg in die Innenstadt nennen?» steckt das explizite Interesse, herauszufinden, welchen Weg ich konkret einschlagen muß, um mich dem Stadtkern zu nähern. Eine sehr sachliche Frage. Und das ist übrigens typisch für sachliche Fragen: Bei Sachfragen ist das explizite Interesse besonders hoch, während das implizite Interesse, das in dieser Frage steckt, meist entsprechend gering ist.

Das explizite Interesse ist also immer der offensichtlich erfragte Gegenstand. In der Frage «Wo ist hier ein Parkplatz?» ist dies die offensichtliche Bitte, bei der Parkplatzsuche behilflich zu sein; bei «Wer öffnet die Tür?» das Interesse, herauszufinden, wer die Tür öffnet.

2.2 Das implizite Interesse

Das implizite Interesse hingegen ist das Interesse, das eher verborgen liegt, das dem Gesagten oder Geschriebenen nicht so einfach und eindeutig entnommen werden kann. Da es nicht in ausdrücklichen Worten verpackt ist, wird es meist zwischen den Zeilen vermittelt, also durch Körpersprache, Mimik, Gestik, Tonfall oder andere rhetorische Elemente zum Ausdruck gebracht.

Das implizite Interesse ist also oft nicht richtig faßbar, ist – noch mehr als die meisten Worte – interpretationsbedürftig **65** und wird deshalb auch von verschiedenen Menschen unterschiedlich verstanden und bewertet. Interessen, die nicht explizit, sondern implizit ausgedrückt werden, kommen je nach Zuhörer unterschiedlich an. Somit liegt es in der Natur des impliziten Interesses, daß es leichter zu Mißverständnissen oder Fehlinterpretationen führt. So kann in der Frage «Gehst du schon nach Hause?», die ein Kollege dem anderen stellt, das implizite Interesse versteckt sein, ihm zu verdeutlichen, daß es noch genügend Arbeit zu erledigen gibt. Es ist aber auch denkbar, daß ein implizites Interesse darin liegt, ihm zu sagen: «Schön, daß du nach Hause gehst. Ich gönne deiner Frau und deinen Kindern, daß die auch etwas von dir haben.»

An diesem einfachen Beispiel wird schon deutlich, daß der Transport von impliziten Interessen «gefährlicher», weil mißverständlicher ist. Darin liegt aber auch die Chance, Dinge zu verstehen zu geben, ohne sie ausdrücklich sagen zu müssen. Also indirekt zu kommunizieren, den anderen auf eine «feine und unverbindliche» Art anzusprechen, den direkten Vorwurf zu vermeiden. Was allerdings dann wirklich ankommt, hängt stark vom Ausdrucks- und Interpretationsvermögen der beiden ab, die miteinander sprechen. Je besser diese Fähigkeit ausgebildet ist, desto leichter fällt es zwei Menschen, indirekt zu kommunizieren und Fragen mit einem hohen impliziten Interesse zu stellen.

2.3 Welches Interesse überwiegt?

In der Frage «Wie geht es dir?» ist das explizite Interesse die Frage nach dem Wohlbefinden, also das Interesse, herauszufinden, ob es dem Befragten schlecht/mäßig/gut ... geht. Wie wir alle wissen, ist gerade bei dieser Frage das explizite Interesse oft gar nicht das wichtigste. Viel wichtiger ist die implizite Absicht, ein Gespräch zu beginnen, also einen Gesprächsauftakt zu finden. Daher urteilen wir auch oft, daß die Frage nach dem Wohlbefinden häufig nur oberflächlich gemeint und ein wirkliches Interesse gar nicht vorhanden ist. Das mag auch so sein. Wir dürfen allerdings nicht vergessen, daß sich ebenso ein implizites Interesse in der Frage verbergen kann. Welche der beiden Absichten überwiegt, entscheidet sich von Frage zu Frage und kommt auf denjenigen an, der die Frage stellt, und natürlich auch darauf, wie der Zuhörer die Frage interpretiert.

2.4 Soziale Beziehung

Wenn wir zwei Menschen zuhören, die sich unterhalten, dann machen wir uns auch ein Bild davon, in welchem Verhältnis die beiden zueinander stehen, also welche soziale Beziehung zwischen ihnen vorliegt. Tochter–Mutter, Schuldner–Gläubiger, Richter–Angeklagter, Lehrer–Schüler, Ehepartner, Freunde, Nachbarn, Arbeitskollegen? Ist das Verhältnis angespannt, entspannt, freundlich, finden sie sich sympathisch, mißtrauen sie sich, herrscht Sachlichkeit vor, Neugier, Gefühle oder Verantwortungsbewußtsein?

Fragen sind im besonderen Maße geeignet, etwas über soziale Beziehungen auszusagen. Welche Fragen werden gestellt, welche werden nicht gestellt, wie werden sie und wann werden sie gestellt? Eine Frage ist wie ein Brückenschlag, der bestimmt, wie, wo und wann man über die Brücke gehen soll. Diese Brücke legt fest, wie die Kommunikation verlaufen wird, und sie richtet sich nach den «örtlichen Gegebenheiten», also der Qualität der sozialen Beziehung.

Wenn wir darauf achten, *wie* eine Frage gestellt wird, können wir etwas über die soziale Beziehung erfahren, sogar bereits bevor irgend jemand darauf geantwortet hat.

2.5 Annahmen

Jeder Frage liegen verschiedene Annahmen zugrunde. Der einfachen Frage «Wie geht es dir?» liegen zum Beispiel die Annahmen zugrunde,
- daß der Befragte sein Befinden differenziert wahrnehmen kann,
- daß dieses Befinden sich verändert,
- daß er bereit ist, über sein derzeitiges Befinden Auskunft zu geben usw.

Der Frage «Hat unsere Mannschaft gewonnen?» können die Annahmen zugrunde liegen:
- Es hat ein Wettbewerb stattgefunden,
- unsere Mannschaft hat mitgespielt,
- theoretisch konnte die Mannschaft gewinnen,
- der Befragte kann über das Ergebnis Bescheid wissen usw.

Bereits diese einfachen Beispiele zeigen auf, daß sich zu jeder Frage eine Reihe von Annahmen aufzählen läßt, die in dieser Frage versteckt sind. Im Alltag machen wir uns diese Annahmen meistens nicht bewußt. Bei den Fragen, die wir uns üblicherweise jeden Tag gegenseitig stellen, brauchen wir dies auch nicht, weil wir mittlerweile gelernt haben, wie welche Frage gemeint ist. Dennoch ist die Kommunikation ein fruchtbarer Boden für Mißverständnisse. Und Fragen sind ein essentieller Teil unserer Kommunikation. Wenn es uns also gelingt, Fragen richtig zu stellen und zu verstehen, dann wird uns auch die Kommunikation grundsätzlich besser gelingen.

Was machen wir also mit den Annahmen, die sich hinter den Fragen verstecken? Faustregel hier ist wie so oft:

1. Identifizieren
2. Differenzieren
3. Kommunizieren

Das heißt, im ersten Schritt muß uns klar sein, welche Annahmen überhaupt in der Frage versteckt sind. Haben wir die Annahmen entdeckt, können wir nun unterscheiden, ob die Annahmen versteckt bleiben oder ob wir sie ans Tageslicht bringen sollten. Falls ja, sprechen wir über sie. Und dies wird uns helfen, Mißverständnisse zu vermeiden, wie wir an dem folgenden Beispiel sehen:

Die Frage zwischen Ehepartnern «Hast du eigentlich schon jemals in unserer gemeinsamen Zeit einen Putzlappen in die Hand genommen?» versteckt recht deutlich die Annahme, daß der Partner sich vor der Hausarbeit drückt. Wenn diese Annahme erst einmal erkannt ist, kann entschieden werden, ob man es für sinnvoll hält, sie zu äußern, indem man zum Beispiel antwortet: «Du hast recht, ich habe noch nie geputzt. Denkst du deshalb, daß ich faul bin?»

Das Erkennen von Annahmen und die Fähigkeit, auf sie einzugehen, ist eine wichtige Eigenschaft beim Fragen und beim Beantworten von Fragen. Übrigens gilt dies nicht nur im privaten Bereich: Egal ob in Verkaufsgesprächen, Einkaufsverhandlungen oder Einstellungsgesprächen, viele Fragen sind regelrecht überladen mit Annahmen. Ein gutes Zeichen dafür, daß sich in einer Frage Annahmen verstecken, die man noch nicht entdeckt hat, ist die Tatsache, daß man sich mit einer Frage unwohl fühlt, obwohl sie den Worten nach eigentlich «unanfechtbar» ist.

Beim Vorstellungstermin einer jungen Frau könnte eine typische Frage mit versteckten Annahmen lauten: «Sie wohnen also auf dem Land. Dies ist sicher dann später mal schön für Ihre Kinder, nicht wahr?» Diese Frage kann zwar nett gestellt sein, und im ersten Augenblick weiß man gar nicht, warum man dem Fragenden böse sein sollte. Wenn wir uns allerdings die Annahme verdeutlichen, die hinter der Frage steht, so erkennen wir, warum sich die junge Frau damit unwohl fühlen könnte: Der Frager versteckt in seiner Frage die Annahme, die Bewerberin wird später Kinder haben! Würde sie also auf die vermeintlich nette Frage mit einem netten «Ja» antworten, dann hätte sie auch die Annahme bestätigt: «Ja, ich werde Kinder haben.» Diese Frage muß aber erstens in Deutschland in einem Bewerbungsgespräch nicht beantwortet werden, und zweitens könnte sie mit einiger Wahrscheinlichkeit ihre Einstellungschancen verringern.

Wenn die junge Frau nun die Annahmen rechtzeitig erkennt, kann sie elegant antworten, etwa: «Kinder werden es dort toll haben. Es müssen ja nicht gleich meine eigenen sein!» Damit wäre die Annahme enttarnt und widerlegt oder zumindest neutralisiert, denn es bleibt offen, ob die Frau Kinder möchte, haben wird oder nicht.

Die fünf Aspekte einer Frage

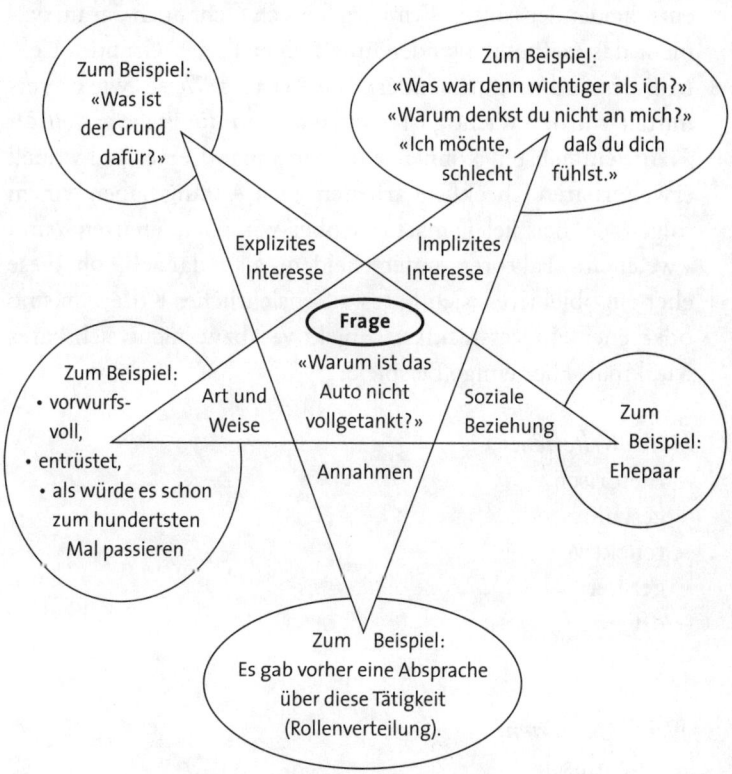

Zum Beispiel:
«Was ist der Grund dafür?»

Zum Beispiel:
«Was war denn wichtiger als ich?»
«Warum denkst du nicht an mich?»
«Ich möchte, daß du dich schlecht fühlst.»

Explizites Interesse

Implizites Interesse

Frage

«Warum ist das Auto nicht vollgetankt?»

Zum Beispiel:
• vorwurfsvoll,
• entrüstet,
• als würde es schon zum hundertsten Mal passieren

Art und Weise

Soziale Beziehung

Annahmen

Zum Beispiel: Ehepaar

Zum Beispiel:
Es gab vorher eine Absprache über diese Tätigkeit (Rollenverteilung).

2.6 Die Art und Weise einer Frage

Als fünfte Dimension einer Frage wollen wir uns der Art und Weise zuwenden. Sie zielt darauf ab, was *wie gesagt* wird bzw. *wie* es *ankommt*.

Wenn wir ein vollständiges Bild einer Frage bekommen wollen, dann ist neben den drei Dimensionen Interessen, Bezie- 71 hung und Annahmen auch die Art und Weise der Frage ein entscheidender Faktor. Erinnern Sie sich nicht auch daran, daß nicht das Gesagte, also der Inhalt einer Frage, Grund für ein Mißverständnis war, sondern die Art und Weise, wie er vermittelt wurde? Wichtig ist also: *Wie wird die Frage gestellt?*

Am einfachsten können wir hier anhand einer individuell erweiterbaren Checkliste arbeiten. Den Anfang haben wir im folgenden Beispiel gemacht, wobei wir nach «harten» und «weichen» Faktoren unterscheiden, also danach, ob diese eher ein objektives, sichtbares, offensichtliches Kriterium sind oder eher ein verstecktes, subjektives bzw. nicht sichtbares Merkmal. Hier einige Beispiele:

Harte Kriterien:
- rhetorisch
- geschlossen
- reflektiv
- gefiltert
- offen
- assoziativ

Weiche Kriterien:
- empathisch
- partnerorientiert
- lösungsorientiert
- positiv
- negativ
- konstruktiv
- destruktiv
- direkt
- indirekt
- überzeugend
- gelangweilt

Wenn wir eine Frage stellen, so ist eine für uns ergiebige oder erfolgreiche Antwort um so wahrscheinlicher, je genauer wir die Art und Weise der Frage bestimmt haben: Nur weil ich vielleicht derzeit nicht guter Laune bin, muß sich dies nicht in meiner Frage spiegeln, die ich einem Passanten stelle, um nach dem Weg zu fragen. Der Passant ist schließlich nicht der Verursacher meiner Verstimmung. Und er wird sich um so mehr Mühe bei seiner Antwort geben, je freundlicher ich zu ihm bin. Also sollte ich eine direkte, offene, positiv besetzte und interessierte Frage nach dem Weg stellen. Genauso sollte ein Arzt bei einer besorgniserregenden Diagnose die Art und Weise seiner Kommunikation auf den Patienten und dessen Lage abstimmen. Das erwarten wir von ihm. Auch wenn er vielleicht vor zehn Minuten Vater geworden und deshalb in einer äußerst überschwenglichen Stimmung ist, sollte er dem Patienten gegenüber eine Art und Weise von Frage und Antwort wählen, die den Umständen angemessen ist.

Hier wird nun deutlich, wie heikel das Thema ist. Denn die Art und Weise richtet sich weniger nach dem Fragenden, vielmehr richtet sich der Fragende in der Art und Weise
– nach dem Inhalt / den Umständen und
– nach dem Gegenüber / dem Befragten.
Und hierin liegt auch schon die Schwierigkeit. Da wir mit der Art und Weise wesentlich bestimmen, wie unser Gegenüber das Gesagte aufnimmt und ob es authentisch wirkt oder nicht, müssen wir sehr viel Feingespür für die Situation und den Gesprächspartner aufbringen. Uns muß es gelingen, einen «Ton» zu wählen, der seinen Zweck erfüllt. Wir wollen mit diesem kurzen Streifzug auf die Wichtigkeit der Art und Weise des Fragens hinweisen und versprechen, daß wir noch viele Hinweise geben werden, wie Sie *praktisch* mit diesem Thema umgehen können und welche Tips wir für Sie bereithalten.

3. Die sachliche Dimension:
In allen Ebenen
erfolgreich fragen

Ein «deutscher» Dialog zur Einführung in diese Dimension:

Frage: Was arbeiten Sie? *(Abstraktionsebene)*
  Antwort: Ich bin Staatsdiener. *(Abstraktionsebene)*
  Frage: Und was machen Sie genau? *(Detailebene)*
  Antwort: Ich arbeite auf dem Landratsamt. *(Tiefere Abstraktionsebene)*
  Frage: Und was dort genau? *(Detailebene)*
  Antwort: Leiter der Kfz-Zulassungsstelle. *(Detailebene)*
  Antwort: Heute werde ich erst mal ... *(Tiefere Detailebene)*
  Frage: Sie sagten, Sie seien Staatsdiener. Dienen Sie denn nicht dem Volk? *(Philosophische Ebene)*
  Feststellung: Ihre Fragen gehen mir ganz schön auf die Nerven! *(Prozeß thematisiert)*

Wußten Sie, daß sich unsere Beamten hier in Deutschland tatsächlich als Staatsdiener verstehen? In England zum Beispiel verstehen sie sich als *civil servants* (Volksdiener)! Waren Sie schon einmal in England? Wir finden den Unterschied beeindruckend!

Übrigens: Glauben Sie, wir sollten unsere Grundeinstellung zu den Dingen hin und wieder überprüfen? Warum? / Warum
nicht?

Die Abstraktionspyramide

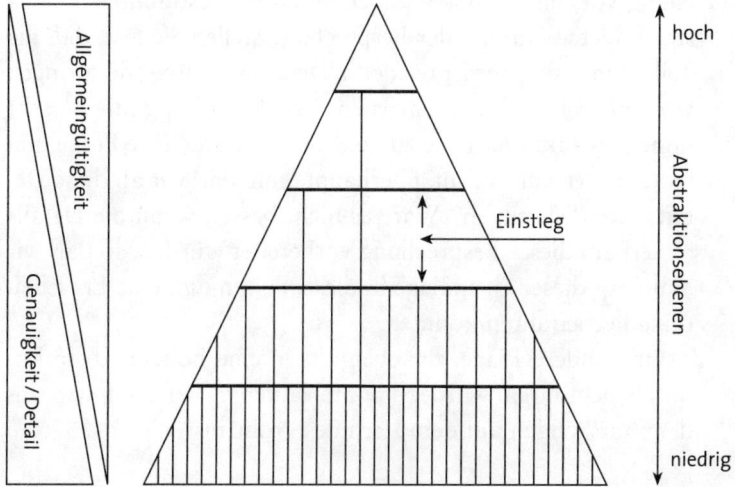

Zu jeder Gesprächsebene gibt es in der Abstraktionspyramide eine allgemeinere und eine detailliertere Ebene

3.1 Die Abstraktionspyramide

Lassen Sie uns zuerst auf die Wirkungsweise der Abstraktionspyramide eingehen. Sie können sich innerhalb der Abstraktionspyramide sowohl horizontal als auch vertikal bewegen, Sie können auf beiden Ebenen einen Schritt nach dem anderen gehen oder auch – und dies ist insbesondere in der vertikalen Bewegung oft sehr effektiv – größere Sprünge machen.

Stellen wir uns einen solchen Sprung einmal in einer Besprechung vor, die im Arbeitsleben zu einem bestimmten Thema
stattfindet. Während der Besprechung stellen Sie fest, daß die
Teilnehmer sich immer wieder in Details verlieren, sie springen
von einem Detail zum nächsten. Um den Sprung in eine sehr
hohe Abstraktionsebene zu vollziehen, könnte Ihre Frage nun
lauten: «Macht es denn überhaupt Sinn, daß wir all diese Details hier diskutieren? Wäre es nicht besser, wenn die Details
außerhalb dieser Besprechung vorbereitet würden, so daß wir
dann auf dieser Grundlage in diesem Gremium eine Entscheidung herbeiführen könnten?»

Eine andere Frage, die ebenfalls in eine höhere Abstraktionsebene führen würde, könnte lauten: «Befassen wir uns
denn tatsächlich mit dem Kern des Problems?»

Der Sprung auf vertikaler Ebene kann also sehr effektiv sein,
er kann sowohl die Sachebene als auch die Prozeßebene ansprechen, wohingegen die horizontale Bewegung lediglich
mehr und mehr Details abdeckt.

Ziel der Abstraktionspyramide ist es, eine Sache so schnell
wie möglich «auf den Punkt» zu bringen. Bewegen Sie sich
ständig auf einer tiefen Detailebene, so ist Ihre Chance sehr gering, das Thema auf den Punkt zu bringen. Bewegen Sie sich
hauptsächlich auf einer hohen Abstraktionsebene, vernachläs-
sigen Sie möglicherweise Details, die wichtig sind. Außerdem
besteht auf einer hohen Abstraktionsebene eher die Gefahr,
das Thema zu verfehlen.

Neben der vertikalen bzw. der horizontalen Ebene gibt es noch
eine ganz andere Dimension, es ist die *Dimension des Bewußtseins*. Dies ist die Dimension, die die Grundlage für jede Entwicklung darstellt. Sie können sich innerhalb der Ebenen in

jede mögliche Richtung bewegen, entscheidend ist, daß Sie es zukünftig immer bewußter tun. Bewußt, proaktiv und entschieden.

Ein weiteres Beispiel soll uns die Bedeutung des bewußten Umgangs mit Fragen in der sachlichen Dimension noch näher bringen:

Stellen Sie sich vor, Ihre Partnerin kommt morgens um vier Uhr nach Hause. Sie fragen sich, was geschehen sein könnte. Als Sie einen Blick auf Ihre Partnerin werfen, stellen Sie fest, daß sie ein Herrenhemd trägt. Verwundert fragen Sie: «Sag mal, trägst du da ein Herrenhemd?» (Detailebene, tief in der Abstraktionspyramide)

Stellen Sie sich weiterhin vor, daß während des Abends und der Nacht langsam Eifersucht und Mißtrauen in Ihnen hochgestiegen sind, da Ihre Partnerin sonst nicht so lange wegbleibt ohne Nachricht zu geben. Sie hatten sich schon die schlimmsten Gedanken gemacht: Ist ihr etwas passiert, wurde sie überfallen, hat sie jemand anderen kennengelernt – den sie besser findet als mich –, geht sie fremd? Und so weiter. Entsprechend gelaunt empfangen Sie Ihre Partnerin.

Ganz sachlich betrachtet: Welche Frage können Sie ihr in diesem Moment stellen?

Auf ganz hoher Abstraktionsebene könnte die Frage lauten: «Liebst du mich noch?» oder «Was bedeutet Treue für dich?», auf ganz tiefer Detailebene könnte sie eben die nach dem Hemd sein oder auch die Frage: «Warst du bei einem anderen Mann?» usw.

Ganz gleich, an welcher Stelle Sie in der Fragepyramide einsteigen, das heißt, welche Frage Sie in einer Situation stellen, es wird fast in jedem Fall eine tiefere Detailebene oder eine höhere Abstraktionsebene geben. Im angeführten Beispiel macht es keinen Sinn, sofort auf hoher Abstraktionsebene einzusteigen und die Frage nach «lieben» oder «nicht lieben» zu stellen. Diese Frage würde jeglicher Grundlage entbehren und lediglich bezeugen, daß Sie kein Vertrauen oder auch kein Selbstvertrauen haben. Allerdings könnte sie nach vielen Schritten bzw. Fragen durchaus relevant werden, nämlich dann, wenn Ihre Partnerin Sie tatsächlich betrogen hätte und dies durch das Gespräch offensichtlich würde. Diese Frage als frühe Frage würde jedoch, wie gesagt, einerseits lediglich darauf hinweisen, daß Sie keinerlei Vertrauen haben, und andererseits alle sonstigen Möglichkeiten (und davon gibt es sehr viele) außer acht lassen.

Ergo macht es in diesem Fall keinen Sinn, auf sehr abstrakter Ebene (sehr weit oben in der Abstraktionspyramide) einzusteigen.

Ebensowenig macht es Sinn, nach der Frage nach dem Männerhemd (sofern sich herausgestellt hat, daß es tatsächlich ein solches ist und Sie es nicht kennen) auch noch nach den Socken oder dem Unterhemd zu fragen. Hierbei würden Sie sich wiederum auf derselben Detailebene (also sehr weit unten in der Abstraktionspyramide) befinden. Es ist ja schon klar, daß es weder Ihr Hemd ist noch zu Ihrer Partnerin gehört. Mehr Sinn macht es jetzt, in die nächste Ebene aufzusteigen und eine Frage zu stellen, die das Thema besser «verdichtet», wie zum Beispiel die offene Frage: «Kannst du mir das mit dem Hemd erklären?» Mißtrauen hin, Mißtrauen her, es kann ja Tausende von harmlosen Gründen geben, weshalb Ihre Partnerin in dieser Nacht im Männerhemd spät nach Hause kommt.

Eine mögliche Antwort wie «Ich hatte einen Unfall, meine Bluse war völlig zerrissen, und da ...» würde Sie in eine ganz andere Richtung führen (hierbei wiederum auf eine tiefere Ebene der Abstraktionspyramide) als die Antwort: «Ich war bei meinen Eltern, hatte mir beim Essen die Bluse ..., hatte eine sehr lange Diskussion mit meinem Vater über ...»

Die Erklärung wird Ihnen dann – tendenziell – sehr schnell

Aufschluß darüber geben, ob Sie mit Ihrer nächsten Frage wieder auf einer tieferen Detailebene oder auf einer höheren Abstraktionsebene einsteigen müssen.

TIP: Entwickeln Sie ein Gefühl dafür, wieviel Detail notwendig ist, um einer Sache auf den Grund zu kommen.

3.2 Zum Kern des Problems vordringen

Wie wir in Gesprächen immer wieder erleben, verlieren sich Menschen oftmals in Details, anstatt einen oder zwei Schritte zurückzutreten und sich selbst zu fragen, was denn nun tatsächlich der Kern einer Sache oder eines Problems ist.

Ziel vieler Gespräche ist es, den Kern einer Sache zu erkennen und zu verstehen, worum es im Grunde geht. Dieses Ziel können Sie nicht erreichen, wenn Sie sich nur auf der Detailebene befinden, und genausowenig, wenn Sie sich immer nur auf einer hohen Abstraktionsebene bewegen.

TIP: Beobachten Sie zukünftig, auf welcher Ebene innerhalb der Pyramide sich das Gespräch bewegt. Entscheiden Sie dann, in welche Richtung Sie fragen werden, um der Sache auf den Grund zu gehen. Schaffen Sie sich ein Bewußtsein der Fragepyramide.

Ein weiteres Beispiel aus dem Privatleben verdeutlicht, wie wichtig es ist, einer Sache auf den Grund zu gehen, anstatt sich ständig auf Detailebenen zu bewegen.

Ein berufstätiges Ehepaar – beide gehen einer anspruchsvollen Tätigkeit nach – streitet sich immer wieder über die Hausarbeit. Die Diskussion geht in vielen Fällen um die Frage:

«Warum hast du dies und jenes noch nicht gemacht?» Der Vorfall wiederholt sich immer und immer wieder. Dinge werden nicht getan, Termine werden nicht eingehalten, die Vorstellungen des jeweils anderen werden nicht erfüllt.

Die Krise rückt immer näher!

Dabei ist es viel wichtiger, grundsätzliche Fragen (also weit oben in der Abstraktionspyramide) zu stellen, als sich immer wieder auf Detailebenen zu bewegen. Die Detailebene wird zu Frustrationen führen, Termine werden weiterhin nicht eingehalten werden, Arbeiten nicht erledigt. Im Kern der Sache geht es jedoch um etwas ganz anderes. Es geht um Fragen wie Verantwortung übernehmen, Organisation des gemeinsamen Alltags, Grundeinstellungen usw. Diese Fragen gilt es zu klären.

Ungeklärte «Kleinigkeiten» haben in der Summe oft größeren Einfluß auf eine Beziehung als grundsätzliche Fragen. Sich mit dem Kern einer Sache zu beschäftigen ist viel effektiver, als sich permanent in den Details zu bewegen (und sich dort zu verlieren).

III. Fragen über Fragen

1. Welche Fragen
– und Antworten – gibt es?

- *Gibt es mehr Fragen oder mehr Antworten?*
- *Welche Fragen gibt es? Und welche nicht?*
- *Kann ich mich auf Fragen vorbereiten?*
- *Und: Ist Schlagfertigkeit erlernbar?*

Fragen sind vielseitige Instrumente:
- Sie können Angst einflößen: in der Schule, wenn Wissen oder Hausaufgaben abgefragt werden.
- Sie können Freude auslösen: «Möchtest du mich heiraten?»
- Sie können ein Sich-Näherkommen unterstützen: «Wie heißt du?», «Wo kommst du her?»
- Sie können Verwirrung schaffen: «Wann haben Sie zum letzten Mal einen Ladendiebstahl begangen?»

Fragen sind so vielseitig einsetzbar, daß es fast unmöglich scheint, einen Überblick über das gesamte Feld möglicher Fragen zu geben. Fragen lösen Reaktionen aus, und die Bandbreite möglichen Verhaltens, das durch Fragen erzeugt wird, ist unübersehbar. Immer wieder fragen uns auch Trainingsteilnehmer: Wie können wir einen Überblick über das Thema Fragen bekommen? Und: Welche Fragen gibt es überhaupt?

Die zweite ist eine sehr berechtigte und nützliche Frage. Denn: Nur wenn wir es schaffen, die Fragen, die wir im Alltag stellen und gestellt bekommen, zu kategorisieren, können wir den Umgang mit ihnen üben.

1.1 Frage- und Antwortkategorien

Unser Ziel ist es, die diversen Fragearten so zu beherrschen, daß wir sie zielgerichtet einsetzen können, daß wir erfolgreich fragen und genauso gut reagieren können, wenn uns Fragen gestellt werden. Hierzu müssen wir zunächst verstehen, welche Fragen es gibt. Dazu haben wir 17 Fragekategorien aufgestellt, die uns einen ersten Überblick vermitteln.

Fragekategorie	Beispiel	Bemerkung
Rhetorische Frage	Ist das nicht typisch?	Eine Antwort wird nicht erwartet.
Gegenfrage	Was ist denn *Ihre* Meinung?	Frage wird mit Frage beantwortet.
Kontrollfrage	Habe ich richtig verstanden, daß Sie sagen ...	Inhalt wird mit eigenen Worten wiederholt.
Kritische Frage	Ja? Wirklich?	Gesagtes wird in Frage gestellt.
Frage mit implizierter Antwort	Was finden Sie denn an meinem Vorschlag unrealistisch?	Der Fragende lenkt die Antwort des Gefragten in eine bestimmte Richtung.
Prozeßfrage	Wie machen wir denn jetzt weiter?	Gesprächsprozeß wird thematisiert (Metaebene).
Kontaktfrage	Darf ich Sie etwas fragen?	Einleitung für ein Gespräch, ein neues Thema.
Überleitungsfrage	Und wie ging es weiter?	Zeigt Interesse am Gesprächsinhalt; leitet neuen Abschnitt ein.

Fragekategorie	Beispiel	Bemerkung
Suggestivfrage	Finden Sie als Manager nicht auch, daß man die kostengünstigste Alternative wählen sollte?	Die Antwort wird impliziert.
Informationsfrage	Was bevorzugen Sie?	Sachinformationen gezielt erfragen.
Eröffnungsfrage	Seid ihr alle da?	Spricht die Zuhörer aktiv an.
Abschlußfrage	Hat Ihnen dies etwas gebracht?	Annäherung an das Gesprächsziel wird abgefragt.
Nonverbale Frage	Ohne Worte, also Mimik und Gestik	Kann genauso ausdrucksstark sein wie verbalisierte Frage; besonders emotionale Botschaften.
Meinungsfrage	Was halten *Sie persönlich* davon?	Person des Gefragten wird besonders stark angesprochen.
Offensive Frage	Und warum haben *Sie* nichts dagegen getan?	Kann provozieren.
Zielfrage	Was wollen wir am Ende des heutigen Abends erreicht haben?	Vorgabe des Gesprächsziels.
Metafrage	Wie soll ich nun die Frage formulieren?	Eine Frage über die Frage.

Das sind einige Fragetypen, die Ihnen sicher im Alltag schon oft begegnet sind. Wir könnten bestimmt noch mehr finden. Aber lassen Sie uns zunächst versuchen, uns unserem Ziel anhand einiger Beispiele zu nähern.

Eines unserer Ziele ist, Fragen, die uns gestellt werden, besser, schneller, präziser zu beantworten, also schlagfertiger zu werden. Wie können wir dies erreichen?

Zunächst muß folgendes klar sein: Auf alle oben aufgeführten Fragekategorien können Sie zunächst wieder in verschiedenen Antwortkategorien reagieren: So zum Beispiel mit

- **der direkten Beantwortung**

Beispiele:

Darf ich Sie was fragen? – Nein!

Warum haben Sie nichts dagegen getan? – Weil ich nicht wollte!

Seid ihr alle da? – Ja!

- **der Thematisierung**

Beispiele:

Darf ich Sie etwas fragen? – Sie wollen also in Kontakt mit mir kommen!

Seid ihr alle da? – Das ist also Ihre Eröffnungsfrage!

- **der Gegenfrage**

Beispiele:

Darf ich Sie etwas fragen? – Dürfte ich Sie dann auch etwas fragen?

Seid ihr alle da? – Und Sie?

Warum haben Sie nichts dagegen getan? – Was hätten Sie denn getan?

- **dem Ausweichmanöver**

Beispiele:

Darf ich Sie was fragen? – Nett, daß Sie mich ansprechen, ich habe Sie eben auch da stehen sehen.

Warum haben Sie nichts dagegen getan? – Ich erzähle Ihnen

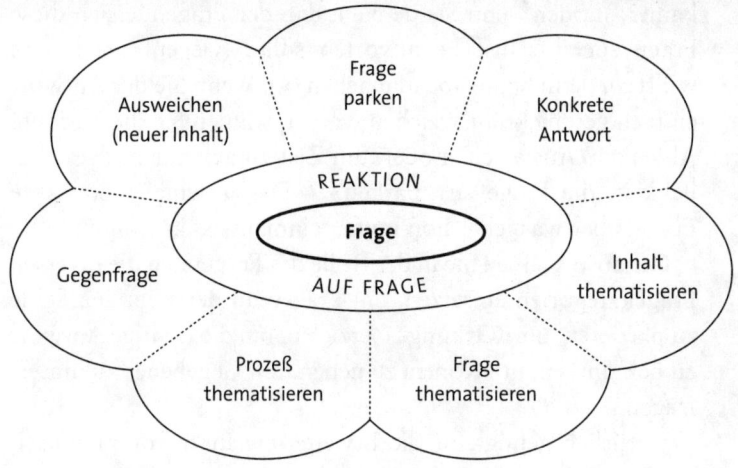

Welche Möglichkeiten gibt es, auf eine Frage zu antworten?

nun eine kleine Geschichte über den Hintergrund der damaligen Umstände, vielleicht wird Ihnen dann einiges klarer.

• **dem Parken**
Beispiel:
   Darf ich Sie etwas fragen? – Ich komme gleich auf Ihre Frage zurück. Was ich aber zuvor gerne besprechen möchte, ist …

Wenn Sie sich bewußt sind, daß Sie grundsätzlich auf eine Frage immer mit einem dieser unterschiedlichen Antwortmuster reagieren können, dann können Sie diese Auswahl nutzen und Ihr Antwortverhalten variieren, je nachdem, ob Sie dem Fragenden eine direkte Antwort geben wollen oder nicht. Sie können die Frage auch thematisieren, wenn Sie darauf aufmerksam machen wollen, daß Sie die Frage nicht für angebracht halten («Du fragst, ob ich dich von zu Hause abholen

87

kann?»), oder wenn Sie denken, daß der Fragende sich diese Frage zuerst selbst beantworten sollte (Gegenfrage: «Was willst *du* denn heute abend machen?»). Wenn Sie der Antwort einfach geschickt ausweichen wollen, wählen Sie die Variante Ablenken/Ausweichen oder, um Zeit zu gewinnen, die Möglichkeit, die Frage zu «parken» («Das ist eine interessante Frage, aber was ich schon immer einmal wissen wollte ...»).

Genauso können Sie in der Rolle des Fragenden die diversen Fragekategorien einsetzen, um Fragen an der richtigen Stelle zu plazieren, um Wirkung zu erzielen, um die richtige Antwort zu bekommen, um Kontra zu geben, um Gegebenes zu hinterfragen usw.

Natürlich genügt für die Erweiterung Ihrer kommunikativen Kompetenz das Wissen um diese Frage- und Antwortkategorien allein nicht. Dieses Wissen muß praktisch erprobt und geübt werden.

In unseren Trainings bieten wir an dieser Stelle stets Übungen an, die den Teilnehmern ermöglichen, das Fragen in verschiedenen Kategorien zu trainieren. Die Teilnehmer versuchen, Fragen aus den 17 Kategorien zu stellen. Ein Übungspartner antwortet nach dem Muster einer der fünf Antwortkategorien. Anschließend ist es Aufgabe der beobachtenden Teilnehmer, herauszufinden, welche Kategorien genutzt wurden. Dieses relativ einfache Spiel schafft ein gutes Bewußtsein für die unterschiedlichen Wege, die jeder von uns beim Fragen und Antworten einschlagen kann.

Was können Sie tun, um sich diese Sachverhalte nicht nur bewußt zu machen – denn das tun Sie ja gerade, indem Sie dieses Kapitel lesen –, sondern auch praktisch zu trainieren? Natürlich könnten Sie jemanden, der sich ebenfalls für kommunikative Themen interessiert, um «Übungsgespräche» bitten. Wenn Ihnen ein solches Ansinnen widerstrebt, sollten Sie jedes Gespräch, das Sie in Zukunft führen werden, als Lernsituation begreifen, in der Sie Ihre «Schätze» – die Kenntnis der diversen Kategorien und deren Wirkung – auspacken und anwenden können. Dazu gehört ein gewisses Maß an Bewußtheit für die Metaebene der Kommunikation, um die Notwendigkeiten des Gesprächsprozesses im Auge zu behalten. (Vergleiche dazu: Hahn / Stickel: Richtig miteinander reden, 1999, S. 113 ff.)

Gerade im beruflichen Umfeld entdecken wir immer wieder viel ungenutztes Fragepotential. Und manchmal sind es die einfachsten Fragen, die am wirkungsvollsten helfen können: Ob es in einem Meeting die Frage nach dem Besprechungsziel ist (Zielfrage) oder in einem Auswahlverfahren (Bewerber, Lieferant, Alternative etc.) die Frage, wie man denn gedenkt vorzugehen (Prozeßfrage).

Häufig werden Fragen aber auch falsch gestellt. Die *Frage mit implizierter Antwort* ist ein gutes Beispiel hierfür. Zu ihrem Hintergrund: Oft kommt in einer Frageformulierung die Grundhaltung oder Meinung des Fragenden zum Ausdruck. Sie müssen nur genau hinhören. Meist versteckt sich die persönliche Einschätzung des Fragenden in der Frageformulierung, im Tonfall oder in Mimik und Gestik. Besonders die Frage mit implizierter Antwort gibt ein eindrucksvolles Beispiel dafür, welche Auswirkungen unbewußtes Fragen haben kann.

Stellen Sie sich vor, ein Mitarbeiter, Herr Meier, übt vor seinen Kollegen eine Präsentation. Seine Frage nach Abschluß seines Durchlaufs ist: «Was waren denn meine größten Fehler?» Hier wird implizit klar, daß Herr Meier denkt, er habe Fehler gemacht. Und zwar viele. Das heißt, er selbst fühlt sich schlecht und kommuniziert dies auch so. Ganz anders würde er sich darstellen, wenn die Frage lauten würde: «Was, denkt ihr denn, habe ich gut gemacht, und was kann *noch* besser werden?» Hier bringt Herr Meier ein viel größeres Selbstbewußtsein zum Ausdruck und vermittelt, daß seine Präsentation seiner Meinung nach recht gut war.

Unsere Kommunikation sollte möglichst der Situation und unserer Persönlichkeit angemessen sein, das heißt, unsere Formulierungen sollten weder unsicher noch überheblich klingen. Nur durch authentisches Reden können wir überzeugen; das gekonnte Anwenden von rhetorischen Werkzeugen allein macht keinen erfolgreichen und zufriedenen Gesprächspartner aus uns. Trotzdem ist es richtig, daß wir mit der Art der Frage (Fragekategorie) und der Frageformulierung viel bewirken können. Machen Sie sich diese Möglichkeiten bewußt, und nutzen Sie die diversen Fragekategorien, um wirklich aufschlußreiche Antworten zu bekommen. Nutzen Sie Fragen, um zu führen, und dazu, Richtungen vorzugeben oder zu beeinflussen. Nutzen Sie die Fragekategorien auch, um intelligenter zu antworten, falls unerwartete Fragen kommen. Sie können wählen, auf welche Ebene der Frage Sie mit Ihrer Antwort reagieren wollen – auf den Gesprächsprozeß, den sachlichen Inhalt der Frage oder aber eigentlich gar nicht?

1.2 Schlagfertigkeit ist keine Hexerei!

Eine gute Nachricht: Wir sind der Meinung, daß Schlagfertigkeit erlernbar ist!

Viele unserer Trainingsteilnehmer assoziieren mit «Schlagfertigkeit» zunächst das Vermögen, schnell, geistreich, witzig, ironisch, prompt, «wie aus der Pistole geschossen» auf eine Frage oder Bemerkung reagieren zu können. Zum Beispiel so:

Sie rufen einen Freund an, der vor kurzem in eine Großstadt umgezogen ist. Dieser meldet sich spaßig: «Hier Hinterhof sechs in der Hamburger Bronx.» Sie reagieren sofort auf die Anspielung und antworten: «Hier ist Ihre Stadtteil-Streetworkerin. Ich möchte gerne einen Termin vereinbaren zur Besprechung von Präventivmaßnahmen zur Erhaltung Ihrer sozialen Verträglichkeit!»

Schlagfertige Antworten verblüffen, lassen aufhorchen, nehmen vielleicht schlagartig den Wind aus den Segeln des Gesprächs, so daß wir uns zu einer Kursänderung gezwungen fühlen. Umgekehrt kennen viele auch das Bedauern, daß uns die «treffende» Antwort gerade in Streßsituationen oft erst hinterher einfällt. Manchmal lag uns die passende Erwiderung auf der Zunge, aber wir konnten sie im entscheidenden Moment einfach nicht formulieren, fanden den Ansatzpunkt dafür nicht.

Kann Schlagfertigkeit aber nicht auch anders aussehen? Können wir unseren Gesprächspartner vielleicht mit einer anderen Art von Schlagfertigkeit «entwaffnen», zu neuen Sichtweisen führen?

Wie wirkt es zum Beispiel auf Sie, wenn Ihr Gegenüber *überlegt* reagiert? Wenn Sie spüren, daß er sich die Frage oder Aussage ganz in Ruhe «auf der Zunge zergehen» läßt? Wir sind der Meinung, daß eine ruhige und überlegte Reaktion sehr viel souveräner auf den Gesprächspartner wirkt als der Versuch, sofort irgend etwas zu sagen.

Schlagfertigkeit in diesem erweiterten Sinn können Sie durch einige einfach zu erlernende Änderungen in Ihrem Gesprächsverhalten erreichen:

1. Setzen Sie Ihre Antwort an einem unerwarteten Punkt des Gesagten an

Beispiel 1:
Der Chef fragt: «Haben Sie den Vertrag schon vorbereitet?»

Das erste Element der Frage ist *«Haben Sie»*.

Die Reaktion darauf könnte also sein: «Weshalb denken Sie, daß *ich* die richtige Person bin, die diesen Vertrag vorbereiten sollte?»

Das zweite Element ist *«den Vertrag»*.

Ihre Reaktion könnte auch hier ansetzen, indem Sie den Vertrag in Frage stellen: «Chef, denken Sie denn wirklich, daß *ein Vertrag* für diese Fälle sinnvoll ist? Aus meiner Sicht sollten wir hierbei pragmatischer vorgehen und nicht für jede Kleinigkeit einen Vertrag anfertigen!»

Das dritte Element ist *«schon vorbereitet»*.

Die Reaktion hierauf könnte durchaus sein: «Weshalb *vorbereitet*? Ist es nicht so, daß wir das Ganze *standardisieren* wollten, um nicht immer wieder das Rad neu erfinden zu müssen?»

Beispiel 2:
Ein Mann begrüßt seine Frau: «Warum kommst du schon wieder zu spät nach Hause?»

Lassen Sie uns auch diese Frage zerlegen und sehen, wie wir auf die einzelnen Elemente reagieren können. Die Elemente dieser Frage können wir beispielsweise so segmentieren:

Warum kommst du – schon wieder – zu spät.

Die Reaktion der Frau könnte also folgendermaßen aussehen:

«Schon wieder? Wann war ich denn das letzte Mal zu spät dran?»

Oder:

«Weshalb *zu spät*? Was ist spät? Es reicht uns doch noch, um wie vereinbart rechtzeitig ins Kino zu kommen!»

Oder:

«Interessiert es dich wirklich, *warum* ich zu spät komme? Könntest du dir vorstellen, daß mir etwas tatsächlich Wichtiges dazwischengekommen ist?»

2. Reagieren Sie auf den Prozeß

Machen Sie sich die verschiedenen Ebenen der Frage bewußt. Damit können Sie wählen, ob Sie auf den inhaltlichen oder den emotionalen Aspekt der Frage eingehen wollen. Sie könnten zum Beispiel auf der Beziehungsebene zurückfragen: «Weshalb machst du mir Vorwürfe?»

3. Gehen Sie auf die Metaebene des Gesprächs

Wenn es Ihnen gelingt, das Gespräch aus der Distanz der «Vogelperspektive» zu betrachten, könnten Sie folgendes antworten:

«Laß mich unser Gespräch kurz reflektieren: Ich komme nach Hause, sehe, daß du offensichtlich verärgert bist und mir als erstes einen Vorwurf machst. Bitte nimm mich erst einmal in den Arm, dann werde ich dir erklären, weshalb ich zu spät gekommen bin.»

4. Wenden Sie die Fünf-Sekunden-Regel an

Besonders wenn eine Frage oder Antwort Sie emotional sehr berührt, nehmen Sie sich fünf Sekunden Zeit, um die eventuell versteckte implizite Botschaft zu entschlüsseln oder um sich zumindest wieder zu «fangen». Dies wird es Ihnen ermöglichen, eher auf die sachliche Ebene einzugehen und Ihr Gesicht zu wahren. Atmen Sie einmal tief und ruhig ein und aus, so daß auch Ihr Sprechrhythmus beruhigt wird. Die Fünf-Sekunden-Regel gibt Ihnen die Zeit, Ihre Gedanken kurz zu ordnen und wieder ins Gleichgewicht zu kommen. Wenn fünf Sekunden nicht ausreichen, lassen Sie sich länger Zeit – die von Ihnen gesetzte «Kunstpause» wird eher Ihr Gegenüber verunsichern.

Falls Sie Ihr Gesprächspartner mit einer emotionalen Botschaft «treffen» wollte, wird ihn eine überlegte, ruhige Erwiderung mehr überraschen als eine hitzige Antwort in der Art, wie er sie herausfordern wollte.

Ein Beispiel: Ein älterer Verwandter greift Sie wegen der Erziehung Ihrer Kinder an: «Von mir hätte der Rotzlöffel schon längst eine hinter die Ohren bekommen. Läßt du dir da nicht zuviel gefallen?» – Sicher kommt dieser Vorwurf zunächst bei Ihnen «im Bauch» an, und Sie ärgern sich über die ungebetene Einmischung. Wenn Sie sich einige Momente Zeit lassen, um auf die sachliche Ebene zurückzukehren, dann wird Ihnen eine überzeugende Antwort leichter fallen.

5. Reagieren Sie auf die Art und Weise der Frage

Achten Sie auf die Art und Weise, in der die Frage gestellt wurde. Wenn Sie sich daran stören, sollten Sie appellieren: «Ich kann verstehen, daß du verärgert bist, trotzdem, laß uns in einem vernünftigen Ton miteinander reden!»

6. Thematisieren Sie die Ebenen der Abstraktionspyramide

Machen Sie Ihrem Gegenüber klar, daß es immer verschiedene Ebenen der Abstraktion gibt, und reagieren Sie auf einer anderen Ebene innerhalb der Abstraktionspyramide (Vergleiche auch Kapitel «Die sachliche Dimension der Frage – Abstraktionspyramide, S. 75 ff.).

Beispiel 1:
«Ist das denn die tatsächliche Frage? Ist es nicht so, daß Sie den Vertrag überhaupt nicht von mir wollen, da Sie genau wissen, daß er noch nicht vorbereitet ist? Geht es Ihnen denn nicht eher darum, mir aufzuzeigen, daß ich mit meiner Arbeit im Moment nicht auf dem laufenden bin?»
   Oder:
   «Ist das denn die eigentliche Frage? Chef, sollten wir uns nicht vielmehr darum kümmern, den Vorgang zuerst einmal zu standardisieren, damit wir ihn zukünftig viel effizienter gestalten können?»

Beispiel 2:
«Ist das deine eigentliche Frage? Geht es nicht darum, daß du grundsätzlich mit meiner Zuverlässigkeit unzufrieden bist?»

7. Reagieren Sie auf die Körpersprache

Bekanntlich macht die gesprochene Botschaft nur einen Bruchteil der Kommunikation aus. Viele Anteile werden durch die Körpersprache, also Mimik, Gestik, Haltung usw., transportiert. Achten Sie deshalb auch hier auf die Körpersprache, und knüpfen Sie Ihre Antwort gegebenenfalls daran: **95**

«Deine Körperhaltung zeigt mir ein Höchstmaß an Unmut und zurückgehaltener Wut!»

Beachten Sie bitte, daß es in Gesprächssituationen nie allein darum gehen kann, das Kommunikationsgeschehen gekonnt zu analysieren und zu lenken. Immer ist auch Empathie und Sensibilität für unser Gegenüber von uns gefordert. Diese positive Einstellung ist ein wichtiges Element, damit unsere Gespräche menschlich angenehm und zugleich inhaltlich erfolgreich verlaufen – sowohl im privaten als auch im beruflichen Umfeld. Und dasselbe gilt natürlich auch für die «Schlagfertigkeit», die ein wirksames Mittel sein kann, um zu reagieren, um einen Gesprächspartner durch ein Überraschungsmoment zum Innehalten oder Umdenken zu bringen. Dieses Überraschungsmoment kann, wie wir festgestellt haben, durchaus nicht allein durch seine Promptheit, sondern auch durch ungewöhnliche inhaltliche Bezüge überzeugen. Jetzt bleibt uns nur noch, Ihnen ein wenig Mut zum Risiko zu wünschen, um dieses Werkzeug zu erproben. Achten Sie darauf, daß Ihre Schlagfertigkeit niemals reine Provokation darstellt, sondern immer ein – eher ungewöhnliches – Mittel zum Zweck bleibt. Schlagfertigkeit kann die Würze im Gesprächsragout sein, die sicher nicht nur Ihnen, sondern – richtig dosiert – auch Ihrem Gesprächspartner Freude bereiten kann.

2. Welcher Fragetyp sind Sie?

- *Wissen Sie, wie Sie auf andere wirken?*
- *Was für ein Kommunikationstyp sind Sie?*
- *Wie können Sie Ihren Typ bestimmen?*
- *Oder verändern?*

Was für ein «Typ» Sie sind, hängt entscheidend davon ab (nein, nicht nur von Ihrem Auto!), wie Sie von anderen wahrgenommen werden. Die Typbestimmung findet häufig über die Zuschreibung von Attributen statt: Was wird mit Ihnen in Zusammenhang gebracht, welche Eigenschaften, Gesten und Eigenheiten stehen für Sie, was fällt anderen bei Ihrem Namen ein?

Aber wie entsteht ein «Typ»? Wie kann man das Bild beeinflussen, das bei anderen entsteht? Und, was glauben Sie, welchen Anteil hat dabei die Kommunikation?

Lassen Sie uns in den nächsten Abschnitten kurz darauf eingehen, wie ein Typenbild geprägt wird, und darauf aufbauend überlegen, wie Sie Ihr Bild erfahren und gegebenenfalls verändern können.

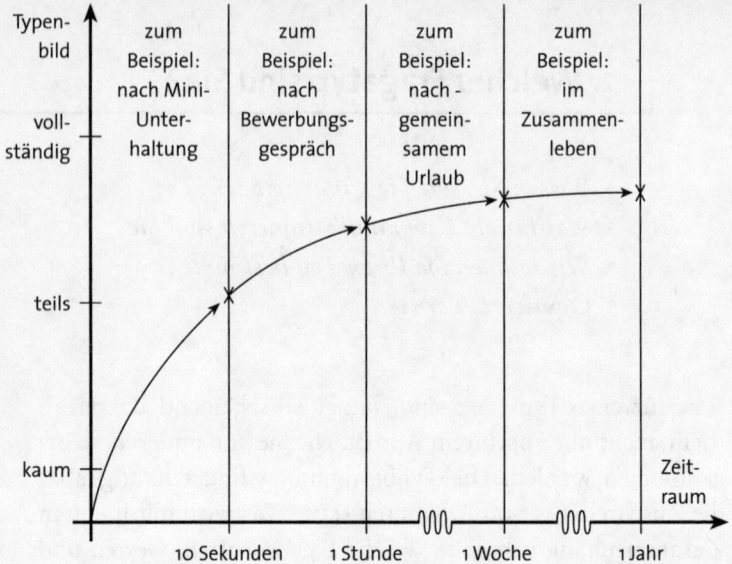

| | zum Beispiel: nach Mini-Unterhaltung | zum Beispiel: nach Bewerbungsgespräch | zum Beispiel: nach gemeinsamem Urlaub | zum Beispiel: im Zusammenleben |

Typenbild: vollständig — teils — kaum

Zeitraum

10 Sekunden · 1 Stunde · 1 Woche · 1 Jahr

Wie schnell ist ein «Typen»-Bild geprägt?

2.1 Wie schnell entsteht ein Typenbild?

Schneller, als Sie glauben. Bereits innerhalb der ersten zehn Sekunden eines Treffens macht sich Ihr Gegenüber ein konkretes Bild Ihres Typs. Damit keine Mißverständnisse entstehen: Das heißt nicht, daß er Sie damit schon kennt. Und es heißt auch nicht, daß er die richtigen oder wichtigen Attribute wahrnimmt, also daß er Ihre spezifischen Persönlichkeitsmerkmale erkennt oder Sie richtig einschätzen könnte. Es bedeutet aber, daß er sich eine konkrete Vorstellung von Ihnen macht. Er hat ein Bild. Und zwar ein relativ klares. Unseren Studien und Erfahrungen nach entsteht nach zehn Sekunden in vielen Fällen bereits ein fertiges Typenbild, das beim späteren Kennenlernen zu durchschnittlich 50 Prozent unverändert beibehalten wird. Das bedeutet also, daß bereits nach wenigen Sekunden Ihr Typenbild bei einem Gegenüber schon zur Hälfte fixiert ist. – Ist das nicht erstaunlich?

Nach ungefähr einer Stunde ist der «Typ» dann «komplett». Zu ungefähr 90 Prozent ist die Einschätzung eines anderen von Ihnen zu diesem Zeitpunkt irreversibel geprägt. Was sich in den nächsten Jahren noch tut, wird das Gesamtbild durchschnittlich um nur noch fünf bis zehn Prozent verändern. Übrigens, der erste Eindruck entsteht nicht nur sehr schnell, er bleibt auch recht lange. Ein Eindruck, der sich in den ersten Sekunden gebildet hat, bleibt häufig jahrelang bestehen, auch wenn Sie den anderen in der Zwischenzeit nicht mehr sehen.

2.2 Wodurch entsteht ein Typenbild?

Zuallererst durch das Auftreten. Unser Auftreten bestimmt im besonderen das Bild, das in den ersten Sekunden entsteht. Das ist auch verständlich: Das Augenfällige, das unser Gegenüber in einer so kurzen Zeit wahrnehmen kann, sind vor allem Kleidung, Körperhaltung, Figur und Aussehen, Ausstrahlung, Blick und Gestik. Aber wußten Sie zum Beispiel, daß die Stimme einen wesentlichen Einfluß auf die Typenbildung hat? Bereits die ersten drei Worte bestimmen den Typ zu weiteren zwanzig Prozent! Die Stimme, die Tonlage, der Tonfall (und auch die Mundart, ein Akzent), und dann natürlich auch irgendwann der Inhalt. Aber der Inhalt kommt erst erstaunlich spät zum Tragen.

Die Entstehung von Typenbildern

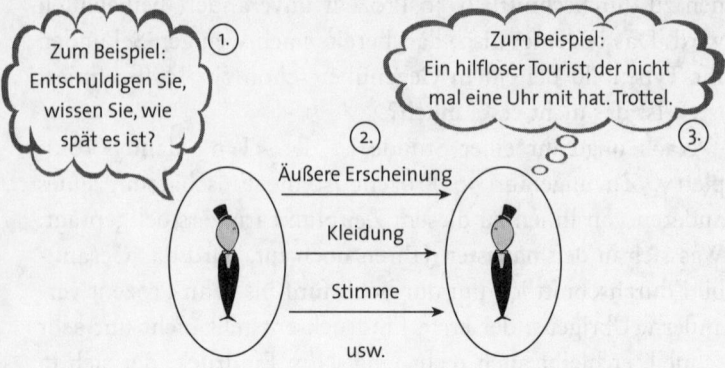

- Helle piepsige Mäuschenstimme? Naives Sensibelchen, kein Durchsetzungsvermögen!
- Ruhige, dunkle Erzählerstimme? Guter Onkel, viel Geduld, viel Erfahrung!
- Dunkle Frauenstimme? Macherin, willensstark bis rabiat.
- Schnellsprecher? Flexibel, aber oberflächlich und unbeständig!

Das sind nur einige Attribute, die in unseren Übungen den Stimmen zugeschrieben wurden. Richtig oder falsch? Wir wissen es nicht oder zumindest nicht in jedem einzelnen Fall. Aber das ist auch nicht der Punkt. Sie wissen ja auch nicht, was für ein Bild die anderen von Ihnen haben und ob es richtig oder falsch ist. Interessant ist jedoch, zu sehen, *daß* die Stimme diese Wirkung hinterläßt und das Typenbild in hohem Maß mitgestaltet.

Wenn wir wissen, wie schnell sich im Menschen ein Urteil bildet, dann verstehen wir auch, was der Grund dafür ist, daß die Kleidung einen so wichtigen Stellenwert hat. Kleider machen Leute? Das ist eine andere Diskussion. Die genannten

Experimente können aber helfen, neues Licht in die Diskussion zu bringen. Doch zurück zur Kommunikation.

Teils können Sie an den Typfaktoren etwas ändern, teils haben Sie selbst gar keinen Einfluß darauf. Kleidung und Parfum sind käuflich. Der Rest nicht. In unseren Kommunikationstrainings weisen wir die Teilnehmer immer wieder darauf hin, daß die Kommunikation nicht mit der Sprache beginnt. Die Kommunikation beginnt im Kopf. Mit meiner Einstellung, meiner Grundhaltung, meinem Bewußtsein. Je klarer ich meine Gedanken strukturiert habe, desto klarer kann ich meine Botschaft ausdrücken. Je überzeugter ich von meinen Ideen bin, desto überzeugender kann ich sie vertreten. Je sicherer ich mir meiner Sache bin, desto sicherer wirke ich nach außen. Je positiver ich eingestellt bin, desto besser wird die Gesprächsatmosphäre sein, der ich begegne.

2.3 Wie können Sie Ihren Typ verändern?

Einige Elemente Ihres Auftretens können Sie nur schwer, nur auf lange Sicht oder unter erheblichem Aufwand beeinflussen. (Auch die Stimme läßt sich nur schwer ständig modulieren, und ob ich zunehmen sollte, nur um meinem Umfeld als gemütlich und geduldig zu erscheinen, ist eine andere Frage.) Wir möchten Ihnen einige Anknüpfungspunkte zeigen, mit denen Sie für das Thema Fragen wirkungsvolle Veränderungen erreichen können.

1. Ihre Mimik: Wenn es mit dem Inhalt Ihrer Fragen übereinstimmt, so lächeln Sie dabei. Lächeln hat eine starke positive Wirkung auf die Bereitschaft von Menschen, Ihnen zu antworten.

2. Die Art und Weise des Fragens: Achten Sie darauf, daß Ihr Fragen kein Aus-fragen wird, sondern daß Ihr Gegenüber Ihnen gerne antwortet.
3. Ihr Bewußtsein: Je klarer Sie sich darüber sind, was Sie wissen möchten, desto gezielter können Sie fragen.

Ihre verbale und nonverbale Kommunikationskompetenz sind wichtige Erfolgskriterien für die aktive Gestaltung Ihres Typs. Ihre Kommunikation ist dafür verantwortlich, wie Sie von anderen Menschen wahrgenommen werden, was sie von Ihnen denken, welches Bild von Ihnen entsteht. Wenn Ihnen dieses Bild am Herzen liegt, dann sollten Sie wissen,

- wie Ihr derzeitiges Bild bei anderen aussieht (Feedback einholen),
- wie Ihr Bild zukünftig aussehen sollte (Was sollen andere über mich denken?),
- was Sie ändern werden (Was kann ich tun, um das Bild zu beeinflussen?).

Erklären Sie die Typ-Frage zur Chefsache, und nehmen Sie die Gestaltung selbst in die Hand. Bestimmen Sie zukünftig aktiv mit, was andere über Sie denken und als welcher Kommunikationstyp Sie sich zeigen.

Wie bereits angedeutet, ist das Feedback aus Ihrer Umgebung sehr wichtig. Ihnen kann nichts Besseres passieren, als von einem Freund bei der Begrüßung mitgeteilt zu bekommen, daß Sie heute «ja mal wieder richtig müde aussehen» oder daß Sie «heute so mitgenommen wirken». Auch wenn dies keine Komplimente sind, so helfen die Bemerkungen doch, zu realisieren, wie Sie nach außen wirken. Und denken Sie nicht, daß Sie auch anderen dieses Bild vermitteln?

Darüber hinaus können Sie aber auch versuchen, sich selbst einzuschätzen. Das im folgenden angeführte Schema gibt

Ihnen die Möglichkeit, Ihren Fragetypus herauszufinden. Wie gesagt, die Kommunikation ist eine der wichtigsten Zutaten bei der Entstehung Ihres Typenbildes.

Fragt viel	Der Tölpel	Der Kommunikator
Fragt wenig	Der Stille	Der Zurückhaltende
Art und Weise:	Unreflektiert	Bewußt eingesetzt

3. Die Art und Weise
des Fragens

3.1 Welcher Ton macht die bessere Musik?

Die Instrumente, auf denen die Art und Weise des Fragens gespielt wird, lassen sich in zwei Klassen unterteilen. Wir unterscheiden hierbei zwischen den *harten Faktoren* (Art), also angewandten Methoden und gesprächstechnischen «Werkzeugen», und den *weichen Faktoren* (Weise) wie zum Beispiel Konstruktivität, Partnerorientierung usw.

Lassen Sie uns zunächst zusammen in Ihre eigene «kommunikative Vergangenheit» zurückschauen, um der Unterscheidung dieser beiden Instrumentarien auf den Grund zu gehen.

- *Wann haben Sie zum letztenmal in einem Gespräch emotional, «aus dem Bauch heraus», reagiert?*

War es dabei vielleicht so, daß Sie sich zwar durch eine Aussage oder Frage angegriffen gefühlt haben, aber dies vor Ihrem Gesprächspartner verbergen wollten/konnten? Wichtig für unser Thema ist die Frage: Stand Ihre Reaktion auf dieses Gespräch eher im Zusammenhang mit dem Inhalt des Gesprächs, oder lag es vielmehr an der Art und Weise, wie dieser Inhalt vermittelt wurde?

Wir sind davon überzeugt, daß es sehr viel mehr von der

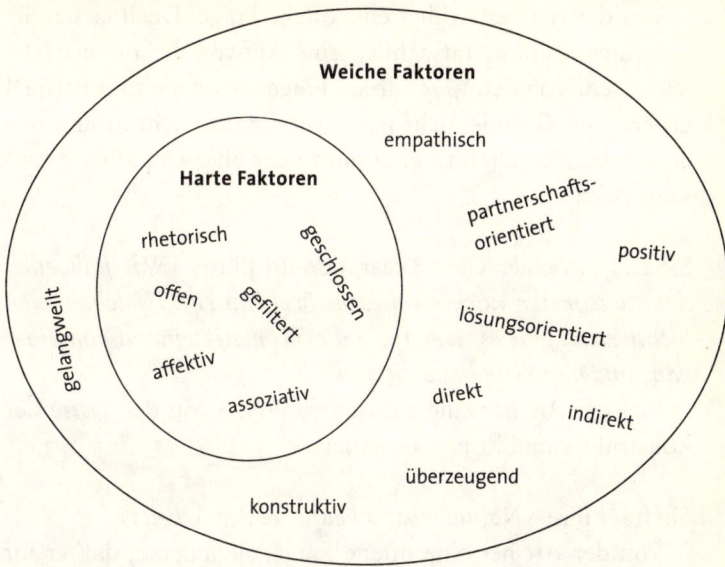

Art und Weise der Vermittlung abhängt als von den Inhalten, ob eine Information im «Sachohr» oder «im Bauch» ankommt.

Einige Beispiele

Er fragt seine Frau: «*Wolltest du nicht etwas zu essen machen?*»

Von der *Art* her ist es wohl eher eine rhetorische Frage, da er weniger an der Antwort interessiert ist als daran, daß er etwas zu essen bekommt. Erst die *Weise*, in der diese Frage an die Ehefrau gestellt wird, kann daraus eine vorwurfsvolle, aggressive, aber auch rein sachlich-informative Frage machen.

Er fragt seine Frau: «*Was ist denn heute los mit dir?*»

Von der *Art* her ist dies eine offene Frage. Doch lassen Sie uns raten: Will er tatsächlich eine Antwort bekommen? Es hängt sehr von der *Weise* dieser Frage ab, ob sie zum Beispiel genervt, im Grunde nicht partnerorientiert, nicht lösungsorientiert bei der Ehefrau ankommt oder aber empathisch und konstruktiv.

Sie fragt in einer Gesprächsrunde im Büro: «*Was fällt euch denn ansonsten noch zu diesem Problem ein? Welche neuen Sichtweisen gibt es, wenn wir die Thematik einmal von einer ganz anderen Seite betrachten?*»

Von der *Art* her eine assoziative Frage; von der *Weise* her konstruktiv und lösungsorientiert.

Sie fragt ihn: «*Na, wie war's heute bei der Arbeit?*»

Von der *Art* her eine offene Frage, sie möchte, daß er ihr etwas über seinen Tagesverlauf erzählt. Von der *Weise* her gesehen ist die Frage: *Wie* hat sie die Frage gestellt? Gelangweilt, interessiert, war die Frage überzeugend, oder lag ein mißmutiger Unterton in ihrer Stimme, hat sie ihn empathisch gefragt, und war sie wirklich – vielleicht weil er ziemlich abgespannt aussieht – an der Geschichte und an seinem Wohlergehen interessiert?

Schon diese wenigen Beispiele zeigen, wie sehr auch beim Fragen «der Ton die Musik macht», wie sehr die Botschaft, die bei unserem Gegenüber ankommt, davon abhängt, in welcher Art und Weise wir den Inhalt unserer Frage transportieren. Da die wenigsten Gespräche allein aus Fragen bestehen, richten wir unser Augenmerk nun auf einige Komponenten der Art und Weise, die für die gesamte Kunst der Gesprächsführung, aber eben auch für den Aspekt des Fragens große Bedeutung haben.

3.2 Einstimmung auf ein Gespräch

Der Erfolg eines Gesprächs hängt grundlegend davon ab, ob und wie Sie sich vor einem Gespräch auf dieses einzustellen vermögen. Das bedeutet, daß Sie sich bereits vorher auf Ihren Gesprächspartner einstimmen und sich gedanklich mit der Gesprächssituation und den zu erwartenden Inhalten auseinandersetzen. Besonders wichtig erscheint uns, sich selbst nach der *Grundeinstellung* zu fragen, mit der Sie in ein Gespräch gehen, denn diese Grundeinstellung wird den Gesprächsverlauf entscheidend prägen, sie wird die *Art und Weise*, wie Sie im Gespräch reagieren, stark beeinflussen.

- *Wann haben Sie sich das letzte Mal intensiv und bewußt im Hinblick auf die Art und Weise der Gesprächsführung auf ein Gespräch vorbereitet?*

Begeben Sie sich doch einmal auf eine Entdeckungsreise: Führen Sie das nächste Gespräch ganz bewußt. Achten Sie auf alles, was geschieht, erleben Sie es in vollem Maß, reagieren Sie mit Ihrem gesamten Bewußtsein. Sie registrieren also nicht nur die Inhalte, die abgehandelt werden, sondern auch den Gesprächsprozeß, Sie sehen das Gespräch wie aus der Vogelperspektive.

- *Wie könnten Sie sich anders einstellen als positiv, partnerorientiert, lösungsorientiert und konstruktiv?*
- *Was erwarten Sie in dieser Hinsicht von Ihren Gesprächspartnern?*

- *Bringen Sie selbst diese Grundeinstellung Ihrem Gesprächspartner entgegen?*

Wir sind davon überzeugt, daß es weitaus gesünder und erfolgversprechender ist, sich positiv einzustimmen auf alles, was um uns herum geschieht. Hierbei geht es um die Sachverhalte und Situationen, die wir beeinflussen können. Und der erste Schritt hierzu ist, die eigenen Gedanken zu kontrollieren. Wir sollten aufhören, uns über die Dinge zu ärgern, die wir ohnehin nicht ändern können. Das ganze Leben ist ein Prozeß der Identitätsfindung. Es ist besser, diesen Prozeß mit einem Lächeln im Gesicht zu bestehen, als ihn mit grimmiger Miene zu durchleiden. Jeden Morgen, wenn Sie aufstehen, können Sie sich entscheiden, sich auf das Positive dieses einen Tages zu konzentrieren und sich darauf zu freuen – dies ist die Macht, die Sie über vieles haben, was sich an diesem Tag ereignen wird. Sie können entscheiden, *auf welche Art und Weise* Sie auf die Menschen und Situationen zugehen werden, die Ihnen während des Tages begegnen. Und so begeben Sie sich tagtäglich auch in Gespräche in dem Bewußtsein, daß der Dialog ein entscheidendes Mittel der Selbstdarstellung ist. *Sie selbst sind die Botschaft! Ihre Lebenseinstellung prägt die Grundeinstellung, mit der Sie das nächste Gespräch führen werden!*

- *Ist Ihnen bewußt, daß die meisten Unmutsäußerungen im Grunde Hilferufe sind?*

Nehmen Sie sich bitte zehn Minuten Zeit, und denken Sie über die letzten Unmutsäußerungen nach, die Sie anderen gegenüber artikuliert haben. Was war die tatsächliche Aussage? Was war Ihre Intention? Und umgekehrt: Welche aggressiven, zornigen, pessimistischen, ärgerlichen Aussagen, Antworten, Fragen haben andere Personen in letzter Zeit Ihnen gegenüber geäußert? Welche eigentlichen Botschaften könnten hinter diesen Worten gesteckt haben?

3.3 Ihre Wirkung auf andere – Feedback und Mentoring

Gespräche sind also ein entscheidendes Mittel zur Selbstdarstellung. Die Art und Weise, *wie* Sie mit Ihrem Umfeld kommunizieren, und Ihre Grundeinstellung dazu prägt das Außenbild, das man sich von Ihnen macht, entscheidend mit.

Wir alle kennen die unterschiedliche Ausstrahlung von Menschen: Da gibt es die einen, die immer nur klagen, sich ständig über etwas beschweren, oftmals nur das Negative sehen. Zum Glück begegnen wir aber auch Menschen, die stets ein aufbauendes Wort parat haben, die oft lächeln und die den Eindruck vermitteln, mit sich und der Welt im reinen zu sein. Ein großer Teil dieses Eindrucks wird eben durch das, was und vor allem auch *wie* sich diese Menschen äußern, geprägt. Die Gelegenheit, für uns selbst eine Bestandsaufnahme unserer Außenwirkung zu machen, ist jederzeit gegeben.

- *Wie, glauben Sie, denken andere über Sie?*
- *Stimmt dies mit Ihrem Selbstbild überein?*
- *Wie können Sie hierzu eine Bestandsaufnahme machen?*

Nun, die einzige Möglichkeit ist, andere um Rückmeldung zu bitten und sehr genau darauf zu achten, wie Sie auf andere wirken. Im modernen Geschäftsleben ist dies längst selbstverständlich geworden. Wir geben **Feedback**, holen uns Feedback, reflektieren uns und lernen durch andere über uns selbst. Über die Art und Weise, wie Sie kommunizieren, können Sie Informationen erhalten, indem Sie genau hierüber Feedback einholen. Natürlich erfordert es zunächst Mut, sich freiwillig der Kritik anderer auszusetzen, denn nur ehrliche Rückmeldungen können uns weiterbringen. Und niemand wird von sich glauben, keine Fehler zu machen! Versuchen Sie Feedback zunächst einzuholen im privaten Bereich, im geschützten Rahmen, in dem Sie annehmen können, daß niemand daran interessiert ist, Sie aus einer Konkurrenzsituation heraus ungerechtfertigt zu kritisieren. Am Arbeitsplatz können Sie zuerst die Kollegen auswählen, zu denen Sie ein vertrauensvolles Verhältnis haben, bevor Sie sich an distanziertere Mitarbeiter oder Chefs wenden, um Rückmeldungen über Ihr Gesprächsverhalten zu bekommen. Doch gerade auch Feedback von Personen, die Ihnen nicht von vornherein wohlwollend gegenüberstehen, kann sehr wertvoll und aufschlußreich sein.

Folgende Fragen könnten Sie in beruflichen Zusammenhängen stellen, um Feedback einzuholen:

- *Ich bin nun seit vier Monaten in Ihrem Unternehmen. Wie erleben Sie mich in Gesprächssituationen?*
- *Was fällt Ihnen spontan ein, wenn Sie den Namen XY hören?*

- *Gibt es konkrete Dinge, die Sie an meiner Stelle anders machen würden?*
- *Sie kennen mich nun seit zwei Jahren. Wie schätzen Sie mein Entwicklungspotential ein?*

Auch die Idee, sich einen **Mentor** für Ihr berufliches Fortkommen zu wählen, also einen erfahrenen, bewährten, in der Regel älteren Vorgesetzten, an den Sie sich in kritischen Situationen wenden können, kann für die Reflexion Ihres Außenbildes wichtig sein. Sie haben ein Selbstbild von sich, Sie glauben, eine bestimmte Wirkung auf andere zu haben. Ein Fremdbild ist in der Regel anders bzw. teilweise unterschieden von Ihrem Eigenbild. Auf jeden Fall wird diese Rückmeldung Ihr Eigenbild erweitern, ergänzen oder Ihnen bewußter machen. Der offene Austausch mit einem Mentor ist in diesem Zusammenhang besonders wertvoll, denn er begleitet Sie über einen längeren Zeitraum und kann deshalb aufschlußreiche Beobachtungen über Ihre gesamte persönliche und berufliche Entwicklung anstellen. Vereinbaren Sie mit Ihrem Mentor bestimmte Phasen, in denen er besonders auf die Art und Weise Ihrer Gesprächsführung achtet und Ihnen hierzu Feedback gibt. Denn auch die Anforderungen an Ihr Gesprächsverhalten werden wachsen, je mehr Sie beruflich erreichen.

Unser Appell:
Achten Sie auf die Art und Weise, in der Sie kommunizieren, seien Sie sich bewußt, daß Sie sich damit selbst nach außen darstellen. Machen Sie sich die harten Faktoren (vgl. S. 105) zu eigen, und setzen Sie sie gezielt ein! Bedenken Sie, wie sehr gerade die weichen Faktoren dazu beitragen, wie Ihre Fragen aufgenommen werden. Zu guter Letzt: Stellen Sie sich mög-

lichst positiv auf Gespräche und Ihr Gegenüber ein. Sie werden feststellen, die Qualität Ihrer Kommunikation wird sich enorm verbessern, wenn Ihre Instrumente sorgfältig gestimmt sind!

4. Über-Lebens-Fragen

4.1 Fragen als Lebensprinzip

Jeder von uns kennt wohl den gemütlichen Abend mit Freunden, der, begleitet von heftigem Rotweingenuß, in der Diskussion der Frage aller Fragen gipfelt: Was ist eigentlich unser Lebenszweck? Was ist das Ziel meines Lebens? Wie wird mein Leben in 20 Jahren aussehen und wie die Menschheit in 100 Jahren?

Diese und ähnliche Fragen werden wir in den kommenden Abschnitten sicher nicht beantworten können. Das ist auch nicht unser Ziel. Was wir aber gerne mit Ihnen herausfinden würden, ist, wie denn die *Fragen des Lebens* heißen, welche Fragen uns helfen können, das Leben besser, sinnvoller und zielgerichteter zu gestalten.

Der schweizerische Autor Max Frisch hat in seinen Tagebüchern der Jahre 1966 bis 1971 Fragebögen ausgearbeitet, die den Leser zu detaillierten Stellungnahmen zu solch gewichtigen Themen wie Heimat, Geld, Eigentum, Ehe, Frauen, Kinder, Hoffnung, Humor, Freunde und Tod auffordern. (Vgl. Max Frisch: Tagebuch 1966–1971) Würden wir uns darauf einlassen, auf alle seine Fragen Antworten zu finden, so hätten wir uns mit vielen elementaren Lebensthemen intensiv auseinandergesetzt. Da Frisch es versteht, seine Fragen mit einem Augenzwinkern zu stellen, reizt es um so mehr, sich um Antworten zu bemühen. («Hätten Sie von sich aus die Ehe erfunden?»; «Wem gehört Ihres Erachtens beispielsweise die Luft?») Und die Aktualität seines nun schon fast 30 Jahre alten Fragenrepertoires beweist auch die zeitübergreifende Relevanz von echten «Über-Lebens-Fragen».

Und doch gibt es für jeden von uns Fragen des Lebens, die in bestimmten Phasen wichtiger sind als andere. Wie können wir uns diesen wichtigen Fragen aber möglichst allgemeingültig nähern?

Wenn wir in unseren Trainings mit den Teilnehmern diese Fragen diskutieren, sehen wir immer wieder, daß es – abgesehen von den variierenden Inhalten – eigentlich drei Kategorien von Über-Lebens-Fragen gibt:

1. Fragen, die sich auf die *aktuelle Lebenssituation* beziehen und darauf, wie diese entstanden ist. Mit diesen Fragen wollen wir herausfinden, wie wir als Person strukturiert sind, wodurch wir uns beeinflussen lassen, wo wir unsere Energien einsetzen, was für uns Werte und Normen sind, welchen Erwartungen wir täglich versuchen Rechnung zu tragen und wie wir uns in dieser Situation heute zurechtfinden. Dies sind **Analysefragen** (Strukturkreise).

2. Fragen, die sich auf *unsere Zukunft* beziehen. Welche Träume haben wir, wie sieht unsere Idealwelt aus, was ist uns wichtig, und welche Ziele lassen sich aus Träumen und Visionen ableiten? Dies sind **Zukunftsfragen** (Träume/Visionen).

3. Fragen, die sich auf *unsere Entwicklung* beziehen. Wie kann ich den Bogen schlagen zwischen meiner aktuellen Situation (Analysefragen) und meiner Zukunft (Träume und Visionen)? Wie komme ich vom Heute ins Morgen, was möchte ich ändern, um «wunschgerechter» leben zu können? Genauer: Was kann ich ändern – und was ist nicht (mehr) veränderbar? Wo muß ich Kompromisse eingehen, und welchen Preis hat ein notwendiger Kompromiß? Was ist kurz- und

was mittelfristig wandelbar, und wie fange ich an, etwas zu verändern? Und schließlich: Wie kontrolliere ich meinen Fortschritt? Hier kommen wir zu **Realisierungsfragen** (Veränderung).

Typischerweise beschäftigen wir uns oft nicht mit uns selbst, sondern mit anderen oder anderem. Deshalb fällt es uns manchmal auch schwer, diese (teils sehr persönlichen) Fragen zu stellen, geschweige denn zu beantworten, selbst wenn die Antworten nicht im großen Kreis diskutiert werden, sondern das «Geheimnis» eines jeden einzelnen bleiben. In unseren Trainings ist es uns wichtig, die Teilnehmer zu befähigen, sich die für sie selbst «richtigen» Fragen zu stellen. Dazu bringen wir viele Übungen mit zum Beantworten, zum Durchspielen und zum Diskutieren. Und jeder Teilnehmer findet seine eigene, ganz persönliche Antwort auf die (allgemeinen) Fragen. Natürlich sind die Antworten der Teilnehmer oftmals sehr verschieden, sogar konträr, aber das liegt in der Natur der Sache. Wichtig ist es, sich diese Fragen zu stellen und dadurch ein Bewußtsein für sie zu schaffen. Unser persönliches Trainingsziel ist erreicht, wenn ein Teilnehmer erkennt, *daß* er etwas verändern kann, daß er schon heute damit beginnen kann, wenn er weiß, in welche Richtung er gehen will. Somit ist jeder befähigt, das zu tun, was ihm richtig und sinnvoll erscheint.

4.2 Carpe diem!

Wir hoffen, daß Ihnen beim Lesen der letzten Zeilen etwas aufgefallen ist! Wenn Sie Ihr Leben in die Hand nehmen wollen, wenn Sie Ihre verfügbare Zeit zielgerichtet gestalten und

Ihre Lebensbedingungen oder sich selbst verändern wollen, dann brauchen Sie nicht sehr viel dazu, außer

- den richtigen Fragen,
- einem bißchen Zeit,
- dem Mut, über sich selbst nachzudenken!

Wenn Sie nun auf den Geschmack gekommen und bereit sind, sich mit lebens-wichtigen Fragen zu beschäftigen, dann können wir jetzt einen Schritt weitergehen und einige Übungen mit Ihnen durchspielen. Nehmen Sie sich dazu Stift und Papier und einige Minuten Zeit. Es handelt sich um eine für Sie persönlich wichtige Investition.

Beginnen wir mit der «Erwartungs-Matrix»:

1. Die Frage nach Ihren Tätigkeiten

- *Welche Tätigkeiten führen Sie an einem bestimmten Werktag oder an einem Wochenende aus?*
  (Beruf, im Internet surfen, schreiben, mit der Bahn/mit dem Auto fahren, essen, im Garten arbeiten, ins Theater gehen, mit den Kindern spielen, einkaufen, Sport treiben ...) Tragen Sie diese Tätigkeiten in die entsprechende Spalte unserer Matrix ein.

2. Die Frage nach den Mitmenschen

- *Welche Menschen sind in diese Tätigkeiten eingebunden?*
  (Arbeitskollegen, Chef, Mitarbeiter, Verwandte, Ehemann, Kinder, Enkel, Vermieter, Putzfrau, Tennispartner, Stammtischkollege ...)

3. Die Frage nach den Erwartungen

- *Welche Erwartungen hat jede einzelne der von Ihnen aufgeführten Personen an Sie? Was wird von Ihnen gefordert, wozu fühlen Sie sich verpflichtet?*
  (Tragen Sie jeweils nur die drei wichtigsten Erwartungen pro Person ein.)

Das Ergebnis dieser Übung, die Sie rund 30 Minuten gekostet hat, wird Sie überraschen: Zum erstenmal in Ihrem Leben sehen Sie schwarz auf weiß, welchen Erwartungen Sie gegenüberstehen.

Anschließend können Sie sich nun zwei Fragen stellen:

- *Wie erfülle ich derzeit diese Erwartungen?*
  Kennzeichnen Sie die einzelnen Erwartungen mit Grün für «erfüllt», Gelb für «teilweise erfüllt» und Rot für «kaum oder gar nicht erfüllt».

- *Wie möchte ich die Erwartungen erfüllen?*
  Wenn ich Prioritäten setzen mußte, was wäre mir am wichtigsten, was weniger wichtig? Welche Erwartungen möchte ich in keinem Fall enttäuschen? Bewerten Sie die Erwartungen mit drei Punkten für «extrem wichtig», zwei Punkten für «wichtig» und nur einem Punkt für «weniger wichtig». «Unwichtige» Erwartungen erhalten keinen Punkt.

Dies ist der erste Schritt in Richtung «Carpe diem». Nutzen Sie Ihre Lebenszeit für die Menschen und die Tätigkeiten, die Ihnen wirklich wichtig sind!

Sie sehen: Am Anfang steht die richtige Frage! Sie ist der Beginn jeder Veränderung.

**Modell zur Identifizierung von Erwartungen,
die an einen gestellt werden**

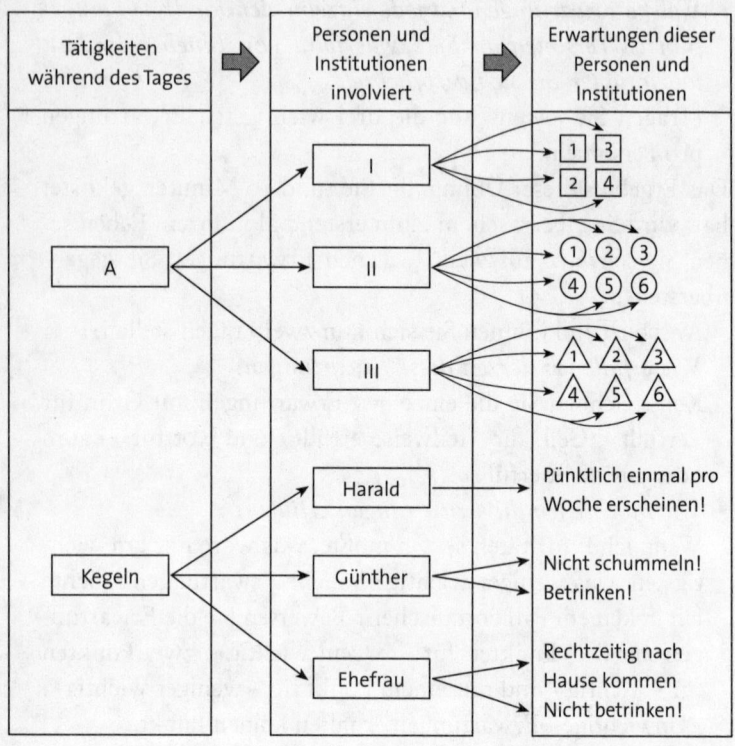

Dies wollen wir Ihnen gerne auch noch an einem anderen Beispiel zeigen. *Das Energiespiel* fragt: Wofür verwende ich
eigentlich meine Energie, meine Kraft und Kreativität?

Nehmen Sie sich auch hier ein Blatt Papier und einen Stift,
malen Sie sich selbst in die Mitte des Blattes, und notieren Sie
nun alle Dinge, Aktivitäten, Themen oder Aufgaben, die Ihnen
tagtäglich Energie abfordern. Versuchen Sie nun die «Energie-
118 portionen» zu beziffern, indem Sie zwischen 1 und 10 bewer-

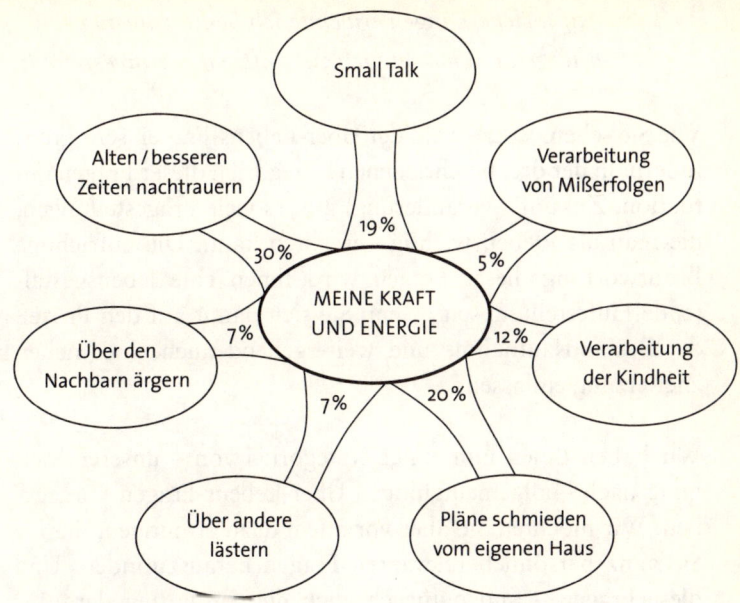

Energiediagramm:
• Wofür verwende ich meine Energie?
• Lebe ich im Hier und Jetzt?

ten, ob dies eher eine energieraubende oder eine weniger ener-gieaufwendige Sache ist, mit der Sie sich beschäftigen.

Ist dieser Überblick erstellt (Zeit: etwa 10 Minuten), kön-nen Sie sich daranmachen, Ihr Energiediagramm mit folgen-den Fragen zu beurteilen:

• *Welche Energie ist richtig eingesetzt?*
• *Wo möchte ich in Zukunft keine oder weniger Energie verwenden?*

119

- *Auf welche Dinge verwende ich heute zuwenig Energie, wo möchte ich zukünftig mehr investieren?*

Wie Sie sehen, ist das Feld der Über-Lebens-Fragen sehr groß. Innerhalb der drei beschriebenen Kategorien dieser Fragen (Situation, Zukunft, Veränderung) gibt es viele Fragestellungen, die man als «lebenswichtig» erachten kann. Die aufrichtige Beantwortung dieser Fragen wird Ihnen eine lebensgestaltende Hilfestellung sein, wenn Sie sich damit auf den Prozeß der Bestandsaufnahme und weitergehend auch einer neuen Zielsetzung einlassen.

Wir haben Ihnen nun einige Kategorien von – unserer Meinung nach – allgemeingültigen Über-Lebens-Fragen vorgegeben. Wir möchten Sie aber vor allem dazu ermutigen, die für Sie ganz persönlich relevanten Fragen herauszufinden. Und diese Fragen – und natürlich auch die Antworten darauf – werden von Individuum zu Individuum sehr unterschiedlich ausfallen.

Für den einen ist es die Frage nach den Prinzipien: Was ist meine Grundhaltung, welche Grundsätze leite ich daraus ab, was ist der Leitfaden, der mich durch mein Leben führt? Für einen anderen ist es die Auswertung des Energiediagramms oder der Erwartungsmatrix, die ihm Möglichkeiten aufzeigt, sein Leben zu verändern, und für einen dritten sind es die Fragen nach den Zielen, Träumen und Visionen, die für ihn «überlebenswichtig» sind.

In unseren Trainings haben wir die Erfahrung gemacht, daß die meisten Teilnehmer keine Antworten von uns erwarten, sondern froh sind über die richtigen Fragen, die ihnen helfen, die Antworten – ihre ganz persönlichen Antworten – selbst zu finden.

4.3 Woher schöpfen wir Kraft?

Die zwangsläufig nächste Frage ist: Woher bekomme ich denn meine Energie? Nun, in der Regel schöpfen wir unsere Energie aus unseren Erfolgen, aus den Tätigkeiten, in denen wir gut sind, und aus den Beziehungen, die wir als bereichernd und stärkend empfinden. Wer kennt nicht die Lebenssituationen, in denen alles schiefläuft und wir nicht mehr wissen, woher wir Kraft zur Bewältigung dieser «Durststrecken» nehmen sollen?

Unsere Kraft schöpfen wir auch deshalb aus unseren erfolgreichen Tätigkeiten und gelingenden Beziehungen, weil gerade diese uns Spaß machen und Freude bereiten. Als *erfolgreich* und *gelungen* werden wir dabei stets die Bereiche empfinden, in denen das Geben und das Nehmen in einem – zumindest mittel- oder langfristigen – Gleichgewicht ist. Wir sind davon überzeugt, daß bewußtes Kommunikationsverhalten für diese Balance entscheidend sein kann.

Auch in unseren Kommunikationstrainings stellen wir immer wieder fest, daß die Teilnehmer am zweiten oder dritten Tag, nachdem sie die ersten Hürden überwinden und ihre Vorträge, Konfliktlösungsmöglichkeiten und Gespräche verbessern konnten, offener und positiver in ihrem Kommunikationsverhalten werden.

Gelingen uns solche positiven Erfahrungen auch im Alltag, so werden sie zu einer Quelle, aus der wir Energie und Kraft schöpfen können, auch für die «trockeneren» Zeiten des Lebens.

TIP: Nehmen Sie sich jetzt etwa 20 Minuten Zeit, und erstellen Sie Ihre persönliche Positivliste. Diese Liste soll alle Punkte enthalten, von denen Sie glauben, daß Sie sie gut beherrschen, all die Eigenschaften und Fähigkeiten, die Sie selbst an sich schätzen, und die Dinge, die Ihnen Freude bereiten.

Übrigens: Bewahren Sie diese Liste auf, und ergänzen Sie sie ständig!

5. Wenn die Fragen berühren:
Die Ethik des Fragens

Wenn Sie uns bis hierher gefolgt sind, haben Sie viele verschiedene Aspekte des Fragens kennengelernt. Einige konnten Sie bestimmt sofort nachvollziehen, aus eigener Erfahrung bestätigen und deshalb so akzeptieren, wie wir sie formuliert haben. Mit anderen Sichtweisen hatten Sie vielleicht mehr Probleme, denn unsere Perspektiven waren Ihnen neu, oder Sie haben eventuell abweichende Beispiele im Kopf und würden sich gerne mit uns darüber auseinandersetzen. Jedenfalls – da sind wir uns bei den meisten unserer Leser ziemlich sicher – haben Sie sich noch nie zuvor so intensiv und ausführlich mit der Thematik des Fragens beschäftigt.

Wir meinen, daß wir mit diesem Kapitel an einem «Scheitelpunkt» des Buches angekommen sind: Bisher ging es um die Grundlagen, die Philosophie des Fragens, die drei Dimensionen und den Modus des Fragens. Alles Themen, die Sie zunächst für sich selbst bedenken konnten, wo es galt, sich selbst klar und bewußt zu machen, was es mit dem Fragen und den Fragen auf sich hat. Bis hin zu den Über-Lebens-Fragen. Der nun folgende Teil des Buches ist viel direkter anwendungszentriert, von uns sozusagen als Erweiterung Ihres kommunikativen Handwerkszeugs gedacht. Wir haben Ihnen mit dem Vorausgehenden die *Macht des Fragens* ins Bewußtsein gerufen, und zwar einerseits die Kraft, die Sie mit (den richtigen) Fragen für sich selbst gewinnen können. Aber andererseits auch den Einfluß, den zum Beispiel die Art und Weise Ihres Fragens auf andere haben kann.

- *Wen «darf» ich was wann fragen?*

Entscheidend ist, daß wir mit Fragen stets mehr oder weniger tief in den Bereich unseres Gesprächspartners vordringen werden. Im Geschäftsleben können wir mit Fragen wichtige Informationen erhalten – falls unser Gesprächs- und Geschäftspartner bereit ist, uns die gewünschten Antworten zu geben. *Wie* wir erfolgreich und mit der größten Aussicht auf zufriedenstellende Antworten fragen können, werden wir noch im Kapitel «Mit Fragen rechnen» (S. 166 ff.) sehen.

Im privaten Umfeld reicht das Spektrum der Fragen vom ersten Kontaktknüpfen über Small-talk-Fragespielchen bis hin zu beratenden Gesprächen in vertrauensvollen Freundschaften. Ernsthafte, bedeutungsvolle Besprechungen sowohl im geschäftlichen als auch im privaten Rahmen sollten einer Gesprächsethik unterliegen, bei der auch die *Ethik des Fragens* eine Rolle spielt. Es geht nicht darum, bestimmte Fragen zu Tabu-Fragen zu erklären, sondern um eine möglichst empathische Grundhaltung der Gesprächspartner. In entscheidenden Gesprächen wird uns meist über kurz oder lang bewußt, welche Frage in einer Situation die «Gretchenfrage» ist – und wir können uns dann entscheiden, ob wir sie vermeiden oder aber auch ganz bewußt stellen wollen! Grundsätzlich ist es, gerade in konfliktträchtigen Situationen, für alle Beteiligten langfristig erfolgreicher, mit unseren Fragen eine Lösung zu suchen, die eine größtmögliche Zufriedenheit für beide Seiten anstrebt, und dementsprechend zu kommunizieren. (Vgl. auch S. Covey: Die sieben Wege zur Effektivität. Frankfurt a. M. 1997)

5.1 Fragend Tiefen ausloten

Mit Fragen kommt man Menschen näher, manche unserer Fragen veranlassen unsere Gesprächspartner vielleicht, zum erstenmal über ein bestimmtes Problem nachzudenken oder Dinge von einer ganz anderen Warte aus zu sehen – sie werden von unseren Fragen im Innersten berührt und bewegt. Wir kommen uns als Menschen näher, werden durch Gespräche vertraut miteinander, wenn wir uns füreinander öffnen. Natürlich könnte man einwenden, daß ja niemand gezwungen ist, auf unsere Fragen zu antworten oder ein Gespräch, das ihm zu weit geht, fortzusetzen. Und doch gilt, gerade in freundschaftlichen Beziehungen, was der Fuchs zu Saint-Exupérys kleinem Prinzen sagt: «Man kennt nur die Dinge, die man zähmt», und später: «Du bist zeitlebens für das verantwortlich, was du dir vertraut gemacht hast.» Im extremen Fall sollten wir uns überlegen, ob wir unseren Gesprächspartner mit den aufgeworfenen Fragen (oder auch Antworten) anschließend allein lassen können, wenn auch nicht unbedingt «zeitlebens» damit gemeint sein muß.

Entsteht bei uns das Gefühl, bestimmte Fragen würden unser Gegenüber zu sehr berühren, und wir sind nicht bereit, weitere Begleitung anzubieten, so kann es auch verantwortlich sein, *nicht* alle Fragen zu stellen, die das Problem eines anderen bei uns evoziert. Wir sollten hier «mit dem Herzen sprechen und fragen», gerade weil wir nun so viel über erfolgreiche Kommunikation wissen. Dies könnte auf der anderen Seite aber auch bedeuten, daß wir verantwortlich handeln, gerade *indem* wir die im Moment wichtigen Fragen stellen, weil wir als Außenstehende eben einen klareren Blick für die Situation des anderen haben. Es kann ein wundervoller Freundschaftsdienst sein, dem anderen mit Hilfe von Fragen, die wir im geeigneten Moment in der richtigen Art und Weise stellen, in einer problematischen Situation weiterzuhelfen. Die Reaktionen auf unsere Fragen können wir im Grunde natürlich nicht wirklich vorhersagen, und deshalb müssen wir versuchen, Gespräche dieser Art möglichst behutsam und immer mit Blick auf das Wohl unseres Freundes zu führen.

- *Wem würden Sie welche Fragen erlauben?*
- *Welche Fragen wären Ihnen – im privaten Bereich – unangenehm?*

5.2 Wissen ist Macht, und Ethik bringt Mehrwert

Auch das Wissen von den individuellen Strukturkreisen eines jeden Menschen kann uns in der Ethik des Fragens leiten: Wir lernen, zu bedenken, daß jeder vor seinem persönlichen Erfahrungshintergrund seine eigenen Wahrheiten und Grenzen hat. Grundsätzlich gelten für menschlich faires Fragen die gleichen Regeln wie in der gesamten Kommunikation. Erinnern Sie sich daran, auch beim Fragen die Sach- von der Beziehungsebene zu unterscheiden und Ihre Fragen deshalb entsprechend zu formulieren. Und geben Sie Ihrem Gesprächspartner stets die Chance, sein Gesicht zu wahren. Nur mit dieser Grundeinstellung werden Sie Gespräche führen, in denen es bei allen möglichen Meinungsverschiedenheiten auf der emotionalen Ebene keine Verlierer gibt. Denn wem würde das nützen?

Daß diese Ethik nicht nur im Privatleben Früchte trägt, zeigt die anhaltende Tendenz vieler Unternehmen, Kommunikationstrainings für ihre Mitarbeiter anzubieten, in denen gerade auch der Umgang mit der Beziehungsebene geschult wird. Denn nur Mitarbeiter, die sich im besten Sinne des Wortes «verstehen» und «verständlich machen» können, fühlen sich wohl am Arbeitsplatz und sind dadurch weitaus höher motiviert für die sachliche Bewältigung ihrer Aufgaben.

Mit unseren folgenden Beiträgen zur «Fragepraxis» möchten wir zu einer Gesprächs- und Frageethik beitragen, indem wir Ihnen, unseren Lesern, nicht nur kommunikationstechnisches Wissen vermitteln, sondern Sie – hoffentlich – auch von den erfolgversprechenden Auswirkungen einer möglichst positiven, empathischen Grundeinstellung überzeugen können.

IV. Aus der Fragepraxis

1. Der Zuhörer-Loop

- *Verstehen wir die anderen?*
- *Verstehen wir uns selbst?*
  Wir sagen: Den anderen nicht *zu verstehen ist der Normalzustand!*

1.1 Die sieben Schritte des erfolgreichen Zuhörens

Die sieben Schritte des Zuhörer-Loops unterteilen sich in Schritte, die nur vom Fragenden ausgehen, und in Schritte, die im Loop stattfinden und damit sowohl den Fragenden als auch sein Gegenüber involvieren.

Die Schritte 1 und 7 gehen nur vom Fragenden aus, die Schritte 2, 3, 4 und 5 finden im Loop statt und können sich beliebig wiederholen, bis die Thematik «auf den Punkt» gebracht wurde, bzw. bis das gesagt ist, was gesagt werden soll, oder ein Lösungsansatz vorliegt. Sie können sich die Schritte 2 bis 5 wie eine Spirale vorstellen, mit der Sie sich dem Kern des Themas annähern.

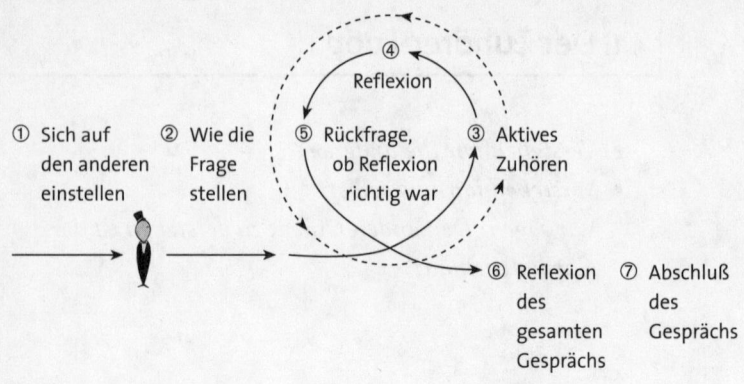

Schritt 1 – Sich auf den anderen einstellen (Fragender)

Das allererste ist – und das klingt an dieser Stelle aus der Sicht des Fragenden vielleicht zunächst paradox –, daß sich der Fragende darauf einstellt, *zuzuhören*. Zuhören wollen heißt: Als Fragender stelle ich mich mit meinen Gedanken und meiner Aufmerksamkeit ganz darauf ein, alle Äußerungen meines Gesprächspartners aufzunehmen und zu verstehen. Dies ist ein sehr wichtiger Schritt, denn er führt dazu, daß Sie das, was Sie dann tun – nämlich zuhören –, voll und ganz tun. Glauben Sie uns, Ihr Gegenüber wird es Ihnen danken, denn es ist wohl eines der schönsten Geschenke, die Sie einem Menschen machen können – ihm Ihre gesamte Aufmerksamkeit schenken!

Die Dimension des bewußten Sich-Einstellens auf den anderen umfaßt mehr, als Sie zunächst glauben mögen. Sich auf den anderen einstellen, das, was er sagt, aufnehmen zu wollen

heißt auch, zunächst die eigenen Abwehrmechanismen abzuschalten und die Wahrheit des anderen erst einmal als Wahrheit hinzunehmen. Und wir wissen aus eigener Erfahrung, wieviel Kraft dies erfordern kann! Doch wenn Sie sich beim nächsten Gespräch auf diese Anstrengung einlassen, werden Sie mit einer neuen Erfahrung belohnt, denn wir sind normalerweise nicht darauf eingestellt, die Wahrheit anderer anzunehmen. Aber diese Bereitschaft ermöglicht es uns, die Dinge in einem neuen Licht zu sehen. Lassen Sie sich also bei der nächsten Gelegenheit auf dieses aufregende Abenteuer ein, und beobachten Sie während und reflektieren Sie nach dem Gespräch, ob und wie die bewußte Wahrnehmung von Schritt 1 das Gespräch beeinflußt hat.

Schritt 2 – Wie die Frage stellen? (Loop – Fragender)

An diesem Punkt des Gesprächs stellen Sie also die Frage. Diese kann entweder auf bereits Gesagtem basieren oder auch als Gesprächseröffnung dienen. Bedeutsam dabei ist in jedem Fall, *in welcher Art und Weise* die Frage gestellt wird.

Die Art und Weise, wie Sie die Frage stellen, ist davon abhängig,

- wie stark Sie Schritt 1 verinnerlicht haben und
- wie Sie die Frage stellen *(harte Faktoren)*:
  – rhetorisch
  – geschlossen
  – reflektiv
  – gefiltert
  – offen
  – assoziativ

- wie Sie die Frage stellen *(weiche Faktoren)*
  - empathisch
  - partnerorientiert
  - lösungsorientiert
  - positiv
  - konstruktiv
  - direkt
  - indirekt
  - überzeugend
  - gelangweilt

Gehen wir vom günstigen Fall aus, dann gehen Sie – da Sie den ersten Schritt des Zuhörer-Loops bereits verinnerlicht haben – mit einer positiven Grundeinstellung und im Aufnahme-Modus in das Gespräch. Und Sie werden Ihre Fragen weiterhin – betrachten wir nun die «weichen Faktoren» – empathisch, partnerorientiert, lösungsorientiert und konstruktiv stellen.

(Die weiterführende Bedeutung der Art und Weise des Fragens ist näher in den Kapiteln «Die Art und Weise des Fragens», S. 104 ff. und «Die physiologische Dimension», S. 47 ff., beschrieben.)

Schritt 3 – Aktives Zuhören
(Loop – Fragender)

An sich müßten wir vor diesem Schritt erwähnen, daß Ihr Gegenüber zuvor noch eine Antwort gegeben hat. Wir halten es jedoch nicht für notwendig, dies als eigenen Schritt aufzuführen, da hier primär beschrieben werden soll, was Sie als Fragender tun bzw. wie Sie sich im Gespräch verhalten können.

Es geht in diesem Schritt also darum, *aktiv zuzuhören*. Dies steht natürlich im Zusammenhang mit Schritt 1, in dem Sie sich ganz darauf eingestellt hatten, Ihrem Gesprächspartner Ihre gesamte Aufmerksamkeit zu schenken. An dieser Stelle möchten wir Sie daran erinnern, daß Sie diese Haltung auch zum Ausdruck bringen sollten. Zeigen Sie Ihrem Gegenüber durch Ihre *Körpersprache*, wie sehr Sie auf ihn eingestellt sind. Nehmen Sie möglichst oft Blickkontakt auf, geben Sie ab und zu ein verbales Zeichen, wie zum Beispiel «Ja, ich verstehe», «o.k.», «hmm», und richten Sie dabei Ihre Blicke auf den Gesprächspartner. Denken Sie auch an Ihre Sitzhaltung, und öffnen Sie sich auch durch Ihre Sitzposition für den Menschen, dem Sie zuhören möchten.

Schritt 4 – Reflexion
(Loop – Fragender)

Reflektieren Sie in diesem Schritt, was bei Ihnen «angekommen» ist. Dies können viele verschiedene Details sein. Die Reflexion kann also verschiedene Ebenen widerspiegeln, sie kann auf alle Punkte eingehen, die Sie als Gesamtinformation aufgenommen haben. Fassen Sie mit Ihren Worten die Informationen zusammen, die der Gesprächspartner an Sie gesandt hat.

Beispielsweise könnten dies folgende Elemente sein:
- was Sie verstanden haben,
- was Sie nicht verstanden haben,
- die Art und Weise, in der Sie glauben, daß die Information gesendet wurde,
- Botschaften, die sich körpersprachlich ausgedrückt haben,
- die Gefühle, die Ihrer Meinung nach transportiert wurden,
- was Sie während des Gesprächs gefühlt haben.

Indem Sie dies alles reflektieren, verarbeiten Sie die angekommenen Informationen besser, Sie wiederholen und verinnerlichen sie. Im Hinblick auf den physiologischen Aspekt könnten wir sagen, es ist eine Abstimmung der Landkarten, der verschiedenen Gedankenwege. Natürlich macht es nicht in jedem Gespräch Sinn, alle die obengenannten Dinge zu reflektieren, die Liste soll lediglich alle möglichen Facetten des Spektrums aufzeigen.

Schritt 5 – Rückfrage, ob meine Reflexion richtig war (Loop – Fragender)

Aus Schritt 4 resultiert die Versicherung, ob Sie das Gesagte richtig verstanden und wiedergegeben haben. Falls nicht, wird Ihnen Ihr Gegenüber dies mitteilen und das falsch Verstandene berichtigen. In diesem Fall sollten Sie nochmals zu Schritt 4 zurückkehren.

Dieser Loop zwischen Schritt 4 und 5 muß sich demnach so oft wiederholen, bis Sie das vom Gegenüber Gesagte in seiner ganzen Dimension erfaßt haben. Erst wenn Sie an diesem Punkt angelangt sind, haben Sie die Basis erreicht, um zu Schritt 2 zurückzukehren.

Zurück zu Schritt 2 und die nächste Frage stellen.

Schritt 6 – Reflexion des gesamten Gesprächs (Fragender und Gegenüber)

Der Fragende stellt an dieser Stelle des Gesprächs die Frage, wie das Gespräch aus der Sicht seines Gegenübers verlaufen

ist. Der Fragende bringt das Gespräch somit auf eine andere

Ebene, es werden nicht oder zumindest nicht nur die inhaltlichen Elemente reflektiert. Auch der Gesprächsprozeß und gegebenenfalls emotionale Aspekte werden zur Sprache gebracht. Der Fragende sollte an dieser Stelle ebenfalls widerspiegeln, wie es ihm in dem Gespräch ergangen ist.

Sie könnten jetzt einwenden, daß das alles zu psychologisch, zu kompliziert klingt, und manche Leser werden vielleicht so empfinden. Doch wo ist die Grenze? Geht es denn nicht immer darum, daß wir den Menschen als Ganzes wahr- und annehmen, daß wir uns sowohl auf die Sache als auch auf die Person konzentrieren?

Wir halten es für wichtig, in Gesprächen die Sache von der Person zu trennen («Laßt uns sachlich bleiben!»). Es gilt, sich zu bestimmten Zeiten nur auf die Sache zu konzentrieren und diese auf den Punkt zu bringen und zu klären. Doch während wir das tun, sollten wir die Person, die dahinter steht, niemals aus den Augen verlieren. Und die Schritte des Zuhörer-Loops ermöglichen es uns, im Gespräch immer wieder die Person im Blick zu behalten, mit der wir sprechen, an die wir unsere Fragen richten. Indem wir zu diesem Werkzeug greifen, können wir verhindern, daß wir inhaltlich aneinander vorbeifragen und -reden und daß sich unser Gesprächspartner während oder nach dem Gespräch als Person unwohl fühlt. So wären wir unserem «Generalziel» möglichst vieler geglückter, erfolgreicher Gespräche deutlich näher gerückt!

Schritt 7 – Abschluß des Gesprächs oder des Gesprächselementes (Fragender)

Bedanken Sie sich für das Gespräch, danken Sie für die Offenheit, für das Mitwirken. Ihr Gegenüber hat Ihnen etwas gegeben, und dafür lohnt es sich, sich zu bedanken.

1.2 Anwendungsgebiete

Vielleicht fragen Sie sich nun, wozu das alles in Ihrem Gesprächsalltag gut sein soll. Wir sind der Überzeugung, daß der Zuhörer-Loop in sehr vielen Situationen im täglichen Leben angewendet werden kann. Selbst wenn Sie nur Teilschritte daraus einsetzen, wie zum Beispiel den ersten oder den vierten Schritt, wird sich auf jeden Fall die Qualität der Gespräche positiv verändern.

Hier ist auch der richtige Ort, um uns zu vergewissern, *warum wir eigentlich überhaupt Fragen stellen*. Einige Beispiele sollen Sie zum Weiterdenken anregen.
Wir fragen,
- um Informationen zu erhalten,
- um Kontakte zu knüpfen,
- um uns mitzuteilen,
- um ein Zeichen zu setzen,
- als Floskel,
- als rhetorisches Mittel,
- um auf eine andere Gesprächsebene zu kommen:
  – auf die Sachebene,

- auf die Beziehungsebene,
- auf die Metaebene (Vogelperspektive),
- auf die Prozeßebene,
• um (in der Abstraktionspyramide) eine andere Ebene zu erreichen.

1.3 Der Zuhörer-Loop und die Abstraktionspyramide

Während Sie sich im Zuhörer-Loop befinden, ist es wichtig, sich die Abstraktionspyramide ständig vor Augen zu halten. Sie können anhand dieses Bildes immer wieder einordnen, ob der Gesprächsverlauf abstürzt und sich (zu) tief unten in den Details bewegt, oder ob Sie sich auf einer hohen, abstrakten Ebene befinden. Wenn Sie sich in der Abstraktionsebene weit «nach oben geredet» haben, kann es wiederum notwendig werden, sich noch einmal konkreter mit dem Thema auseinanderzusetzen, also wieder nach unten auf die Detailebene zu gehen.

Es ist durchaus legitim, die Werkzeuge, deren Sie sich bedienen, transparent zu machen und beispielsweise den Gesprächsverlauf oder einen Punkt, an dem Sie sich momentan befinden, anhand der Abstraktionspyramide zu thematisieren. Zeichnen Sie ganz konkret ein Bild (zum Beispiel die Abstraktionspyramide), und sagen Sie Ihrem Gesprächspartner, daß Sie sich momentan tief unten in dieser Pyramide befinden und Sie den Wunsch haben, sich nun mit dem Kern der Sache zu befassen (also weiter nach oben zu gelangen).

Sprechen Sie in Bildern, denn sie ermöglichen es uns, Dinge leichter im Zusammenhang zu erkennen, und wir können sie somit besser erfassen und verarbeiten.

Am Ende dieses Kapitels noch einmal eine **Checkliste** als Zusammenfassung der sieben Schritte:

1. Sich auf den Gesprächspartner einstellen (Aufnahme-Modus)
2. Wie die Frage stellen? (Harte Faktoren / weiche Faktoren)
3. Aktives Zuhören
4. Reflexion des Gesagten
5. Rückfrage, ob die Reflexion richtig war
6. Reflexion des gesamten Gesprächs
7. Dank

Sie werden feststellen, daß Sie durch Ihr Wissen von den Möglichkeiten des Zuhörer-Loops und durch die schrittweise Verinnerlichung dieses Werkzeugs die Gesprächsatmosphäre immer wirkungsvoller verbessern können. Durch Ihre Grundeinstellung im Aufnahme-Modus, durch das Rückfragen und Widerspiegeln wird sich Ihr Gesprächspartner als Person angenommen fühlen, und auch die inhaltlichen Elemente des Gesprächs können durch die Reflexionen von beiden Seiten deutlicher und intensiver wahrgenommen werden.

2. Fragen, um zu beraten

2.1 Vom Beratschlagen zum Beraten

Erinnern Sie sich noch an Ihre Kindheit, die Zeit, in der Sie von den Erwachsenen sicher auch oft «beratschlagt» wurden? Im wahrsten Sinne des Wortes be-rat-schlagt – und als Kind konnten Sie sich nur mit Ihren kindlichen Möglichkeiten dagegen wehren.

- *Können Sie sich noch an eine derartige Situation erinnern und die Gefühle, die Sie dabei empfunden haben, sich wieder vergegenwärtigen? Wie haben Sie sich damals gefühlt?*

Falls Sie eher negative, bedrückende Empfindungen mit solchen Situationen verbinden, dann vielleicht deshalb, weil Sie als Kind manchmal gar nicht *beraten* wurden, sondern vielmehr Anweisungen erhielten, eine bestimmte Sichtweise – nämlich die des Erwachsenen – einzunehmen und entsprechend zu handeln. Sicherlich gab es aber auch Fälle, in denen Sie im eigentlichen Sinn des Wortes eine Hilfestellung erfuhren. Denn richtig verstanden ist ein Ratschlag etwas sehr Positives. Natürlich insbesondere dann, wenn die Beratung in einer *Art und Weise* erfolgt, die es dem Beratenen ermöglicht, sich zu öffnen und den Rat positiv aufzunehmen. Dies bringt uns gleich zu der Frage:

2.2 Was ist Beratung?

Beratung heißt, «gutgemeinte Vorschläge» zu machen. Der Berater, also derjenige, der Rat erteilt, teilt seine Gedanken, seine Sichtweise über eine Sache oder eine Situation mit dem Beratenen. Der Rat soll eine Hilfe für den Beratenen sein, andere Perspektiven aufzubauen und die richtigen Prioritäten herauszufinden. Das Urteil darüber, welche Prioritäten seine individuell «richtigen» sind, liegt dann immer noch beim Beratenen selbst, jedoch kann er bei seiner Entscheidung eine weitaus größere Fülle von Aspekten berücksichtigen.

Beratung kann unserer Meinung nach jedoch ebenso wesentlich dadurch erfolgen, daß Sie *die «richtigen» Fragen stellen* und dann auch *aktiv zuhören*. Die richtigen Fragen können – wie schon im Kapitel «Die physiologische Dimension» erörtert (S. 47 ff.) – beim Beratenen neue Gedankenwege eröffnen. Sie können noch nicht in Betracht gezogene Sichtweisen herstellen und somit das Problem in einem ganz anderen Licht erscheinen lassen.

2.3 Wie beraten?

Wir hatten schon oft das Gefühl, daß Menschen in Situationen, in denen sie am meisten Rat benötigen, am wenigsten offen dafür sind, Rat von jemand anderem anzunehmen. Alles in ihnen wehrt sich dagegen, vielleicht, weil ihnen die Situation verfahren erscheint, vielleicht, weil sie überhaupt keinen Silberstreif am Horizont sehen. Wie auch immer, es geht darum, so zu beraten, daß der Rat vom Gegenüber auch angenommen werden kann. Natürlich hängt dies sehr vom Vertrauen des Ratsuchenden in die sachliche und persönliche Kompetenz des Ratgebers ab. Ohne ein Vertrauensverhältnis auf diesen beiden Ebenen wird Beratung kaum fruchtbar sein. Dies sind die unabdingbaren psychologischen und sachlichen Voraussetzungen für eine gelungene Beratung. Ein weiteres entscheidendes Moment ist die kommunikative Fähigkeit des Ratgebers, die ebenso zum Erfolg oder Mißerfolg beiträgt.

Immer wieder weisen wir deshalb darauf hin, wie wertvoll die Fähigkeit des *aktiven Zuhörens* ist, wie wichtig es ist, aus dem Sende-Modus herauszutreten und statt dessen in den *Aufnahme-Modus* zu wechseln, wie wir es gerade im «Zuhörer-Loop» beschrieben haben. Dies halten wir für die grundlegende kommunikative Fähigkeit eines jeden Beraters. Bevor jemand in der Lage ist, jemand anderen zu beraten, muß er zuerst einmal die Situation desjenigen verstehen, den er beraten will – und zwar möglichst in all ihren Dimensionen.

2.4 Beratung und die «physiologische Dimension»

Im Mittelhochdeutschen hieß unser Wort *beraten* «ratslagen» und hatte die Bedeutung von «einen Beratungskreis schlagen», «den Kreis für die Beratung abgrenzen». Diesem Wortsinn nachzuspüren kann uns aufzeigen, worum es letztlich in einer Beratung geht: Dem Ratsuchenden sollen andere, neue Sichtweisen auf den Weg gegeben werden, es soll ein erweiterter Kreis von Möglichkeiten aufgezeigt und abgegrenzt werden, in dem Lösungsmöglichkeiten verborgen sein könn- **143** ten. Im Sinne der «physiologischen Dimension» heißt dies, neue Gehirnbahnen anzulegen, neue Denkwege zu ermöglichen, dem Ratsuchenden zu helfen, eingefahrene Denkbahnen zu verlassen.

Betrachten wir hierzu die verschiedenen *Fragearten*

- rhetorisch,
- geschlossen,
- offen,
- reflektiv,
- gefiltert,
- assoziativ,

so stellen wir schnell fest, daß wir uns innerhalb der Beratung auf nur wenige Arten des Fragens konzentrieren sollten.

Innerhalb einer Beratung macht es nur wenig Sinn, *rhetorische Fragen* zu stellen (also eine Frage, auf die wir im Grunde gar keine Antwort wollen).

Geschlossene Fragen können helfen, das Thema zu Beginn des Beratungsgesprächs schneller in die richtige Richtung zu lenken («Hast du schon daran gedacht, eine Umschuldung vorzunehmen?»).

Die *gefilterte Frage* kann ebenfalls dazu beitragen, das Problem am Gesprächsbeginn zu fassen («Wenn du in diesem Zusammenhang an ... denkst, weshalb, glaubst du, ist die Reaktion der anderen ...?»).

Die *assoziative Art zu fragen* halten wir in Beratungsgesprächen für eine äußerst wirksame Variante. Es ist die Art, die am besten dazu beiträgt, neue Gehirnbahnen anzulegen und damit neue Gedankenwege zu gehen. Durch diese Fragen gelingt es dem Beratenen am leichtesten, sich neue Sichtweisen zu eigen zu machen; auf diese Art wird der Ratsuchende selbst zu Gedankensprüngen angeregt und erdenkt sich neue Wege. Fragen mit dieser Wirkung sind zum Beispiel: «Hast du die

Sache/Verhaltensweise schon einmal von einer ganz anderen

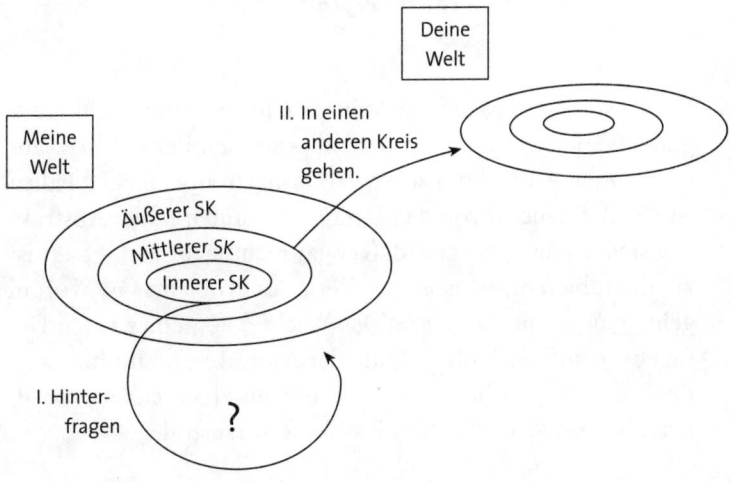

Seite betrachtet?» – «Was würde denn im schlimmsten Fall passieren, wenn …?» – «Hast du ähnliche Dinge nicht schon in der Vergangenheit bewältigt? Und welche Lösungsansätze hast du damals gewählt?»

Im Sinne der Strukturkreisanalyse unterstützen besonders assoziative Fragen die Fähigkeit, die eigenen Strukturkreise zu verlassen. Die Frage «Kannst du dir vorstellen, wie es ihm/ihr – vor *seinem* Hintergrund – dabei ergangen ist?» hilft, sich in die Strukturkreise des anderen hineinzuversetzen und somit eine neue, erweiterte Perspektive zu erlangen.

2.5 Beratung und die «sachliche Dimension» – Die Abstraktionspyramide

Die Abstraktionspyramide ist innerhalb der Beratung ein sehr gutes Werkzeug, um die Thematik «auf den Punkt» bzw. auf die richtige Abstraktionsebene zu bringen. In manchen Fällen ist der Beratene so von den Details (tief unten in der Abstraktionspyramide) gefangen, daß er gar nicht mehr in der Lage ist zu abstrahieren. «Was ist der Kern des Problems?» «Worum geht es denn im Grunde?» Der Wechsel von einer tiefen Detailebene auf eine höhere Stufe der Abstraktion hilft hier wiederum, andere Sichtweisen des Problems zu erkennen, vor allem aber zum Zentrum des Problems vorzustoßen.

2.6 Ein Schlußgedanke

Dieses Kapitel steht sehr eng in Zusammenhang mit dem «Zuhörer-Loop». Beratung ist nur dann möglich, wenn der Berater in der Lage ist, aktiv zuzuhören, und wenn er versucht, sich in die Lage des Ratsuchenden zu versetzen. Beratung verlangt einen gewissen Grad an Offenheit und den Willen, zum Kern der Sache vorzudringen. Im Grunde sind die Fähigkeiten eines guten Beraters einfach auf den Punkt zu bringen: Er kann gut zuhören, er fragt bewußt und ist empathisch in der Weise, wie er berät.

- *Halten Sie sich für einen guten Ratgeber?*

- *Wen würden Sie sich als Berater wählen, wenn Sie einen Rat bräuchten?*

Wir alle wünschen uns diesen «idealen» Berater in der Gestalt unseres Arztes, des Lehrers unserer Kinder, des Berufsberaters, eines Seelsorgers, eines Psychotherapeuten, den wir um Hilfe bitten, und natürlich eines Freundes, dem wir uns anvertrauen können.

Schauen wir aber auch in die Berufswelt: Glauben Sie, daß diese Kriterien eines guten Beraters nur für persönliche, vertrauensvolle Beratungsgespräche gelten? Sollte nicht auch ein «Verkaufsberater» seinem Kunden möglichst mit diesen Fähigkeiten und dieser Einstellung gegenübertreten? Unserer Meinung nach wäre auf dieser Basis sowohl der Verkaufserfolg als auch die Zufriedenheit des Kunden eher gewährleistet – und das wird sich langfristig für beide Seiten lohnen.

3. Hinterfragen

3.1 Glauben Sie alles, was man Ihnen sagt?

Wie reagieren Sie auf Aussagen wie: «Das muß so sein.» – «Das haben wir schon immer so gemacht!» – «Schon meine Oma hat immer diese Medizin eingenommen, wenn sie eine Erkältung hatte, deshalb kann das nicht schlecht sein!» (Gut, vielleicht sind deshalb die Menschen früher auch nur 30 Jahre alt geworden ...?)

Hinterfragen hat etwas damit zu tun, die Dinge nicht als selbstverständlich hinzunehmen, wir hinterfragen, um den Dingen auf den Grund zu kommen. Es geht darum, zu verstehen, was «eigentlich» vor sich geht, was sich hinter einer Sache oder Äußerung verbirgt. Immer wieder stellen wir fest, daß wir viele Dinge in Gesprächen einfach so hinnehmen, ohne sie zu hinterfragen. Dies spiegelt in vielen Fällen unsere fehlende Bereitschaft, uns in diesem Moment mit den Aspekten auseinanderzusetzen, die wir hinter einem Gespräch vermuten. Sicherlich ist dies die einfachere Lösung, und wir können auch nicht ständig alles in Frage stellen. Und dennoch, wir können Hinterfragen zu einer Grundhaltung machen, die wir in geeigneten Gesprächssituationen einnehmen können und die somit unsere Gespräche lebendiger werden läßt.

Die Fragen dabei sind:
• Was steckt dahinter?

• Welche Motivation steht dahinter?

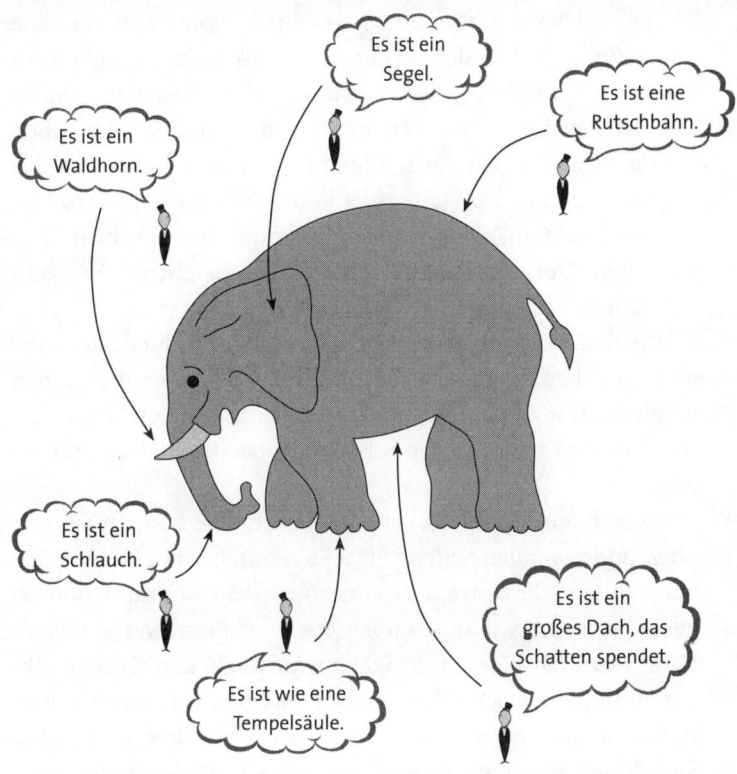

Verschiedene Ansichten eines Elefanten: Wer hat Recht?

- Was sind die Gründe?
- Was ist der Kern der Sache?

Erinnern Sie sich daran, wann Sie das letzte Mal einem Menschen begegnet sind, der Ihnen ganz aufmerksam zugehört und zugleich nicht jede Ihrer Aussagen einfach so hingenommen hat? Könnte es sein, daß Sie selbst damals als Reaktion darauf plötzlich auch sehr viel aufmerksamer und überlegter gesprochen haben?

Für jedes Thema gibt es eine Betrachtung von innen und eine von außen. Ähnlich den Strukturkreisen können Sie sich jedes Thema als mehrere konzentrische Kreise vorstellen. Damit können Sie an ein Thema entweder von innen oder von außen herangehen. Zunächst betrachten Sie es in der Regel vom äußersten Kreis her, und selbst hier können Sie noch die verschiedensten Blickwinkel einnehmen: Sie können den Problemkreis von oben oder von unten, auch aus allen möglichen Winkeln betrachten.

Wir halten es für wichtig, Themen auf verschiedenen Ebenen verstehen zu lernen. Durch Hinterfragen wird es Ihnen möglich, zusätzlich eine Innenperspektive einzunehmen und somit in die verschiedenen Schichten eines Themas vorzudringen.

Denken Sie an eine leckere Sahnetorte: Sie können Sie von oben und von allen Seiten betrachten und damit eine Aussage machen, wie die Torte aussieht, ob sie dem Konditor optisch gelungen ist, wo man sie noch etwas schöner und gefälliger hätte verzieren können. Möglich wäre auch, den Kuchenbäcker zu fragen, welche Zutaten er verwendet hat, um sich vorstellen zu können, wie die Torte wohl schmecken wird. Aber Sie können aus dieser Außenperspektive niemals erfahren, wie der Kuchen denn tatsächlich schmeckt! Wenn Sie wirklich daran interessiert sind, etwas über den Geschmack der Torte herauszufinden, müssen Sie ein Stück herausschneiden. Diese «Innenansicht» gibt Ihnen schon ein wenig mehr Aufschluß über die Beschaffenheit und das Innenleben des Kuchens, aber zum Erleben des Geschmacks werden Sie nur vordringen, wenn Sie sich darauf einlassen, tatsächlich eine Gabelvoll zum Mund zu führen.

Sie sehen, auch die Innenperspektive hat verschiedene Blickwinkel und Stufen, und mit dem Hinterfragen schneiden Sie auf jeden Fall die Torte an. Wie weit Sie dabei dann jeweils gehen, hängt sicher von der Situation und der Bedeutung der «Torte» für Sie ab.

- *Hinterfragen bedeutet in vielen Fällen Verstehen auf einer anderen, tieferen Ebene!*

Innerhalb der **Abstraktionspyramide** (vgl. S. 75 ff.) kann Hinterfragen in beide Richtungen führen: Es kann sowohl zum besseren Verstehen auf einer tiefen Detailebene als auch auf einem hohen Abstraktionsniveau führen.

3.2 Hinterfragen ist ein Manager-Werkzeug

Manager haben es einfach!?
    Vielleicht kennen Sie folgende Situation im Berufsalltag: Sie gehen zu Ihrem Chef / Manager und konfrontieren ihn mit einem Problem, das aus Ihrer Sicht einer schnellen Lösung bedarf. Ihnen sind die Lösungsansätze wahrscheinlich schon ganz klar, Sie haben bereits ein Strategiepapier ausgearbeitet. Sie denken, Ihre Argumente werden den Chef auf jeden Fall überzeugen.
    Die endgültige Lösung des Problems haben Sie ihm übertragen und seiner Entscheidung überlassen. Zu Ihrer Verwunderung jedoch stellt Ihnen Ihr Chef nur zusätzliche Fragen, Fragen, die ihn – innerhalb der Abstraktionspyramide gesehen – auf eine tiefere Detailebene bringen und ihn das vorgebrachte Thema vielleicht auch besser verstehen lassen. Unter Umständen läuft es jedoch ganz anders, vielleicht versucht Ihr Chef Sie – wiederum vor dem Hintergrund der Abstraktionspyramide **151**

gesehen – von der Detailebene zu lösen, um Ihnen selbst eine ganz andere Perspektive der Sache zu ermöglichen.

Wie auch immer, Ihr Chef handelt unserer Meinung nach richtig, denn er ermöglicht Ihnen eine andere, erweiterte Perspektive. Selbst wenn diese zusätzliche Sichtweise Sie in Ihrer Überzeugung bestärken wird, so ist es doch die richtige Vorgehensweise.

In der Regel ist es so, daß sich der Chef nicht auf der Detailebene bewegen kann, auf der sich die einzelnen Mitarbeiter befinden. Dies ist auch einleuchtend, da er sich in der Regel um andere Dinge kümmern muß. Als Chef wird er die Dinge globaler betrachten, er sollte eher die Gesamtzusammenhänge sehen und kann sich deshalb nur bedingt auf die verschiedenen Detailebenen in der Abstraktionspyramide einlassen. Für den Chef ergibt sich somit ein anderer Kontext als für die Mitarbeiter.

Wir behaupten keinesfalls, daß ein Chef immer recht hat! Nein, es könnte ja auch durchaus sein, daß er nur Zeit gewinnen will und lediglich aus diesem Grund Ihre Vorschläge hinterfragt, daß er Sie wieder wegschickt und weitere Daten sammeln läßt, um sich dann erst mit dem Problem zu beschäftigen. Diese Fälle wollen wir hier nicht betrachten.

Wir stehen dem Hinterfragen grundsätzlich sehr positiv gegenüber, da wir den Wert dieses Werkzeugs schätzen. Die Frage, die sich für uns ergibt, ist: Weshalb wird unserer Beobachtung nach auf diese Weise nur sehr selten vorgegangen?

3.3 Was können Sie hinterfragen?

Im Grunde alles! Wobei wir uns natürlich auch darüber im klaren sind, daß das Hinterfragen auch Gefahren in sich bergen kann. (Siehe dazu auch «Wenn die Fragen berühren: Die Ethik des Fragens», S. 123 ff.)

Es lohnt sich, zu hinterfragen:

- *Annahmen*
- *Ziele:* «Ist es immer noch dein Wunsch, spätestens mit 30 zwei Kinder zu haben? Warum?»
- *Methoden:* «Ist es sinnvoll, die Abrechnung der Reisekosten noch immer nach diesem System abzuwickeln?»
- *Wege*
- *Gewohnheiten:* «Sollten wir nach 20 Jahren am selben Urlaubsort nicht einmal in ein anderes Land reisen?»
- *Vorgehensweisen*
- *Art und Weise:* «Vielleicht erreiche ich mehr, wenn ich meinen Sohn nicht jedesmal anschreie, wenn er wieder mit einer 6 nach Hause kommt? Wie könnte ich anders reagieren?»
- *Prioritäten*

Hinterfragen heißt
- permanent ändern/verbessern,
- permanent lernen,
- bewußter leben,
- nähere und bewußtere Beziehungen gestalten,

um nur einige Auswirkungen zu nennen.

3.4 Hinterfragen Sie sich selbst?!

Wir sind der Überzeugung, daß es wichtig ist, auch sich selbst, die eigenen Ziele, Werte, Grundhaltungen usw. hin und wieder zu reflektieren und zu hinterfragen. Die Ergebnisse dieser Selbstbefragung können uns helfen, Änderungen herbeizuführen.

- *Inwieweit stimmt die Art und Weise, in der Sie leben, in der Sie anderen Menschen gegenübertreten und in der Sie Konflikte austragen, mit Ihren Werten überein?*
- *Mit welchen Aktivitäten verbringen Sie Ihre Zeit?*
- *Was ist Ihnen wichtig?*
- *Welche Gewohnheiten halten Sie gefangen?*
- *Wofür verwenden Sie Ihre begrenzte Zeit?*

Bedeutet sich selbst zu hinterfragen nicht auch, sich aus einer gewissen Distanz betrachten zu können? Auch einmal über sich selbst lachen zu können und fähig zu sein, das, was Sie sind und wie Sie sich geben, mit erfrischender Selbstironie zu betrachten? Aber hinterfragen meint auch, unser Dasein immer wieder bewußt in Beziehung zu setzen zu unseren Mitmenschen, zum Umfeld, in dem wir leben, zur Natur, zu Gott.

Hinterfragen hat für uns deshalb nichts mit Grübeln zu tun. Grübeln und sich selbst zerfressen macht keinen Sinn, da es nicht zukunftsorientiert ist. Hinterfragen ist positiv, solange Sie sich auf die Dinge konzentrieren, die Sie beeinflussen können. Nur Sie selbst können Ihr Leben verändern: «Love it, leave it or change it!»

Am Ende dieser Überlegungen laden wir Sie zu einem kleinen Paradigmenwechsel ein. Wir wollen eine Sichtweise, die uns im Leben tagtäglich begegnet, die teilweise auch notwendig ist, um überleben zu können, auf einen Bereich übertragen, in dem wir – im Normalfall – eine andere Einstellung haben. Es ist die Haltung, daß wir in vielen Fällen *gewinnen* wollen und müssen. Wir wollen immer die Ersten sein, besser als die anderen, schneller, größer ...

Schließen Sie bitte die Augen. Stellen Sie sich nun ein Liebespaar vor, das sich zärtlich im Bett wälzt. Beide gehen vollkommen in ihrer Liebe zueinander auf. Sie liebkosen sich, streicheln und entkleiden sich. Beide betrachten, hingerissen von der Schönheit, den Körper des anderen. Sie beginnen sich zu lieben.

Zehn Sekunden später springt der junge Mann auf und ruft laut: «Gewonnen, gewonnen, ich bin erster, ich bin erster.»

4. Mit Fragen führen

- *Was ist Führung?*
- *Was hat Führung mit Hierarchie zu tun?*
- *Fragen als Mittel oder als Zweck?*
- *Fragen, um zu führen, oder führen, um zu fragen?*
- *Wer fragt, der führt!*
- *Wer fragt, der wird geführt?*

Eine der häufigsten Redewendungen aus dem Bereich des Fragens ist der Satz «Wer fragt, der führt»! Und sicher haben Sie schon einmal selbst erfahren, daß der Fragende die Richtung eines Gesprächs oft recht stark bestimmt. Gesprächstechnisch ist das Fragen also eine hochinteressante Sache. Wie können Sie dies nutzen? Können Sie auch als Gefragter das Gespräch lenken? Wer fragt in einem Gespräch typischerweise was und wie? Formelles und informelles Führen eines Gesprächs – wie können Fragen dabei helfen?

Auf all diese Fragen wollen wir auf den nächsten Seiten Antworten finden. Auch wenn es nicht Ziel dieses Kapitels ist, auf alle Aspekte der Gesprächsführung einzugehen, so möchten wir doch deutlich machen, welche Vielfalt von Möglichkeiten in der richtigen Fragetechnik steckt. Lassen Sie sich also von uns durch dieses Thema begleiten, und fragen Sie, damit Sie führen.

4.1 Hierarchie im Gespräch

Immer wieder können Sie bei der Beobachtung von Gesprächen entdecken, daß es eine offene oder verdeckte Hierarchie unter den Teilnehmern gibt. In der Normalschule der Rhetorik wird dieses Thema meist nur ungenügend behandelt. Die meisten Techniken, Tips und Tools beruhen auf der Annahme, daß alle beteiligten Gesprächspartner gleichbedeutend und ebenbürtig sind, also auf einer Hierarchiestufe stehen. Dies ist allerdings in der Praxis oft nicht der Fall, denn meist gibt es ein hierarchisches Gefälle. Diese Rangordnung, die von den beteiligten Personen subjektiv unterschiedlich empfunden werden kann, beeinflußt letzten Endes die Ausgangssituation für ein Gespräch und damit die angewandte Rhetorik nicht unwesentlich.

Dabei können wir verschiedene Gesprächshierarchien unterscheiden, der einfacheren Darstellung wegen gehen wir im Modell allerdings nur von zwei Gesprächspartnern aus.

1. A und B fühlen sich beide ebenbürtig (pari).
2. A fühlt sich B unterlegen, B fühlt sich mit A ebenbürtig (einseitige Demut).
3. A fühlt sich B unterlegen, B fühlt sich A überlegen (eindeutiges Gefälle).
4. A fühlt sich B unterlegen, B fühlt sich A unterlegen (gegenseitige Demut).
5. A fühlt sich B überlegen, B fühlt sich A überlegen (gegenseitige Überlegenheit).

Was heißt das? Jeder Gesprächssituation liegt ein latentes Hierarchieverständnis zugrunde, das sich aus der Summe der individuellen Hierarchiewahrnehmungen zusammensetzt. Es bleibt in den meisten Fällen unausgesprochen und ist oftmals **157** zunächst unbekannt bzw. den Gesprächsteilnehmern (noch) unbewußt. Und trotzdem bildet es die Grundlage für jedes Gespräch.

Dies ist zunächst einmal eine Tatsache. Die Frage ist: Wie damit umgehen? Ohne zu sehr auf rhetorische Erkenntnisse und Empfehlungen einzugehen, hier einige Merksätze:

- Die ideale Ausgangssituation für das typische Gespräch ist die Pari-Situation: Jeder respektiert jeden und fühlt sich den anderen ebenbürtig.
- Es gibt allerdings Rahmenbedingungen in bestimmten Institutionen, in denen dies von vornherein unmöglich ist, zum Beispiel beim Militär. Organisationen dieser Art funktionieren ausschließlich über ein eindeutig definiertes, offen ausgesprochenes und gelebtes «gegenseitiges Gefälle». Und wir kennen diese offenkundige Rangordnung auch von vielen Unternehmen des «alten Schlages».
- Jede Art von bewußt empfundener Hierarchie beeinflußt das Gespräch. Ein Beispiel: Jemand, der sich seinem Gegenüber untergeordnet empfindet, wird seine Ziele eher mit weniger Energie verfolgen, wird weniger Paroli bieten, wird tendenziell schneller der Meinung des vermeintlich «Überlegenen» zustimmen etc.
- Die Antwort auf «empfundene Hierarchie» ist die «Überwindung von Hierarchie». Eine Hilfestellung dabei könnten phantasiereiche Vorstellungen sein, die oftmals mit dem eigentlichen Gesprächsinhalt gar nichts zu tun haben und auf anderer Ebene aufzeigen, daß man seinem Gegenüber mindestens ebenbürtig ist.

Ein Beispiel: Im Berufsleben empfinden Mitarbeiter oft ein «eindeutiges» oder zumindest ein «einseitiges Gefälle» ihren Vorgesetzten gegenüber. Dabei denken die Mitarbeiter übrigens oftmals, es sei «eindeutig» (also von beiden als Gefälle empfunden), dabei ist es nur «einseitig» (das heißt, nur dieser Mitarbeiter empfindet es so, der Vorgesetzte allerdings empfindet eher eine Gleichberechtigung). Diese hierarchische Wahrnehmung wird natürlich meist durch die unternehmerische Organisation (Vorgesetzter / Mitarbeiter) unterstützt oder provoziert. Dennoch ist ein Gespräch viel fruchtbarer, wenn man sich auf partnerschaftlicher, gleichberechtigter Ebene gegenübertritt. Hierbei können wie gesagt ganz einfache Vorstellungen helfen. In unseren Seminaren ermuntern wir die Teilnehmer immer wieder, genau an die Dinge zu denken, die sie besser können als ihr Chef (zum Beispiel Ski fahren, Schach spielen, Kochen, mit Mitmenschen umgehen, organisieren usw.). Oft hilft dies, mangelndes Selbstbewußtsein auszugleichen und sich selbstverständlicher auf dieselbe Stufe zu stellen.

4.2 Fragen beruht auf Selbstbewußtsein

Was hat das nun mit dem Thema Fragen zu tun? Wir meinen, sehr viel. Denn nur wer ein ausreichendes Maß an Selbstbewußtsein hat, wird erfolgreich fragen. Das können Sie übrigens tagtäglich beobachten. Fragen ist eine Sache des Selbstbewußtseins! Wer sich in einem Gespräch mit hierarchischem Gefälle befindet und sich seinem Gegenüber von vornherein «unterordnet», wird selten genügend Selbstvertrauen haben, um gute Fragen zu stellen und durch Fragen zu führen.

Denken Sie zum Beispiel an den letzten Vortrag, den Sie besucht haben. Nur sehr wenige Menschen aus dem Publikum haben das Selbstbewußtsein (auch nach Aufforderung), Fragen zu stellen. Auch wir erleben und empfinden in einer solchen Situation so etwas wie ein hierarchisches Gefälle, wenn wir im Publikum sitzen. (Dabei wissen wir doch genau, daß wir in der Rolle des Redners umgekehrt auch großen Respekt vor unserem Publikum haben.) Das ist eine typische Situation von einseitig empfundenem Gefälle. Und weil dieses Empfinden dazu führt, uns zu verunsichern, ist unser Selbstbewußtsein in einer solchen Situation eher gering. Fazit: Wir stellen eher keine Fragen.

Ist es Ihnen auch schon einmal so gegangen, daß Sie beim Anblick eines Polizeiwagens nachdenken, ob Sie irgend etwas falsch gemacht haben? Wie automatisch empfinden wir ein Gefälle zwischen der Polizei als Autorität und uns als Straßenverkehrsteilnehmer oder Staatsbürger. Das Selbstbewußtsein ist bei einer polizeilichen Verkehrskontrolle geringer, als wenn wir jemand anderem gegenüberstehen würden – und das selbst dann, wenn wir uns keines Regelverstoßes bewußt sind! Und raten Sie mal, wer nun die Fragen stellt? Kennen Sie Ihre Rechte?

Was lernen wir daraus?
1. Werden Sie sich über Ihre Gesprächssituation klar. Welche Hierarchie liegt vor/wird empfunden? Von wem?
2. Wenn Sie sich «untergeordnet» einstufen, dann sollten Sie dies schleunigst ändern! Aus dieser Position heraus werden Sie wohl kaum die Ihnen wichtigen Fragen stellen. Und deshalb bekommen Sie auch keine einzige vernünftige, zufriedenstellende Antwort!
3. Fühlen Sie sich Ihrem Gegenüber ebenbürtig? Ja? Na gut, dann können Sie loslegen mit dem Gespräch. Und vergessen Sie nicht, *Ihre Fragen* zu stellen. Nun ist die Grundlage für ein aufschlußreiches und gutes Gespräch geschaffen.

4.3 Kann der Gefragte führen?

Eine interessante Frage. Und die Antwort? Unsere Antwort ist «Ja!». Können Sie sich an eine Situation erinnern, in der Sie durch das, was Sie sagten, eine weitere Frage provoziert haben? Dieses «Spiel» ist zum Beispiel in vielen Ehen an der Tagesordnung: *Fragmentantworten* nennen wir das. Das heißt, die Antwort ist nur ein Teil einer Antwort und provoziert eine weitere Frage. Und der Antwortende gibt quasi vor, wie die nächste Frage lautet, weil er sie mit seiner unvollständigen Antwort provoziert. Ein Beispiel gefällig?
Er: Wo bist du gewesen? (Frage)
Sie: Im Auto. (Fragmentantwort)
Er: Und wo warst du mit dem Auto? (provozierte Frage)
Sie: Auf der Straße. (Fragmentantwort)
Er: Und wo bist du hingefahren? (provozierte Frage)
Sie: Nach München! (Fragmentantwort)
Usw.

Den Einsatz von provozierten Fragen können Sie auch ganz bewußt steuern. Der beste Einsatzort (jedenfalls sehr viel besser als in dem oben gezeigten «Beziehungsgespräch») ist vielleicht die Bewerbungssituation. Sie sind Bewerber und stehen im Kreuzfeuer von Fragen. Was gibt es da Angenehmeres, als vorab schon zu wissen, wie die Fragen lauten werden? Diesen Wunsch können wir natürlich niemandem wirklich hundertprozentig erfüllen. Aber in vielen Bereichen ist es möglich, den Fragenden in seinen Fragestellungen zu beeinflussen: Eben durch provozierte Fragen. Eine häufig von Personalchefs angewandte Fragetechnik in der Durchleuchtung des Lebenslaufes ist es, überall dort nachzufragen, wo sich folgende Ansatzpunkte bieten:

- Lücken im Lebenslauf aufdecken (Was haben Sie dort warum gemacht?),
- Behauptungen über erbrachte Leistungen oder Fähigkeiten nachfragen (Können Sie dies belegen?),
- Brüche oder signifikante Änderungen hinterfragen (Was war Ihre Motivation? Wie paßt dies zu Ihrem Ziel? usw.).

Wenn Sie sich unter diesen Gesichtspunkten als Bewerber auf das Gespräch einstellen, können Sie sich Ihre proaktive Einstellung zunutze machen. Lassen Sie absichtlich dort Raum zum Fragen, wo Sie es wollen. Provozieren Sie dort Fragen, wo Sie eine gute Antwort haben. Lenken Sie so das Gespräch, und führen Sie es zu *Ihrem* Erfolg. Führen Sie als Antwort-Gebender, als der Befragte. Und vergessen Sie nicht, auch selbst Fragen zu stellen: Sie stehen auf derselben Stufe, und Ihr Selbstbewußtsein sollte dies zeigen, denn das ist die beste Voraussetzung für ein gutes Gespräch.

4.4 Was ist eigentlich Führung?

Unter Führung wird in der Kommunikation meist verstanden, daß es in einer Gesprächssituation einen Teilnehmer gibt, der **Rahmen und Thema** festlegt. Beispielsweise der Lehrer in der Schule, der üblicherweise den Rahmen und das Thema dadurch bestimmt, daß er vorgibt, in welcher Zeit (sofort, bis morgen etc.) sich die Schüler in welcher Form (Aufsatz, Monolog, schriftliche Arbeit, Rollenspiel etc.) mit welchem Thema (Geschichte, Mathematik, Kunst etc.) auseinandersetzen sollen. Ein Lehrer ist übrigens ein gutes Beispiel für einen **formellen Führer**, da er per beruflichen Auftrag diese kommunikationstechnische Funktion ausüben soll. Genauso ist es aber auch denkbar, daß es einen **informellen Führer** gibt. Also jemanden, der diese Inhalte vorgibt oder wesentlich mitbestimmt, ohne hierzu die offizielle Funktion zu haben. Das könnte zum Beispiel auch ein Schüler sein. Denken Sie an eine Unterrichtssituation, in der ein Schüler den Lehrer dazu bewegt, an Form, Thema oder Zeitpunkt etwas zu ändern. Wäre das nicht auch Führung, eben informelle Führung?

Genauso ist es in der Kommunikation. Führung ist dann gemeint, wenn es jemand versteht, *Inhalt, Form und auch Zeit* in einem Gespräch zu bestimmen oder zumindest zu beeinflussen. Ein formeller Führer ist er dann, wenn er per Funktion oder Aufgabe dazu auserkoren ist (ein Redner, Gesprächsleiter, Moderator).

Gesprächstechnisch ist das Fragen so etwas wie das Flußbett der Kommunikation. Das Flußbett gibt vor, wo das Wasser zu fließen hat. Wer eine Frage stellt, bestimmt, worüber gesprochen wird, also in welche Richtung die Worte fließen. Dies läßt sich auch anschaulich an unserem «3D-Modell des Fragens» erkennen: In den Ausführungen zur physiologischen Dimension des Fragens haben wir beschrieben, daß durch das Fragen neue Gehirnbahnen angeregt werden können und daß das Fragen somit eines der wichtigsten Instrumente ist, um unser Denken zu erweitern und zu schulen. Ähnlich verhält es sich mit der Führung. Indem Sie fragen, führen Sie Ihre Gesprächspartner (mit den Antworten oder zumindest indem sie gedanklich Ihrer Frage folgen) in andere, neue Bereiche, in die Bereiche Ihrer Gedankenwelt. Sie führen, weil Sie Fragen stellen und weil Fragen im menschlichen Gehirn (ähnlich dem Flußbett) bestimmen können, was (Neues) gedacht wird. Voraussetzung dafür ist natürlich, daß der Befragte offen ist für Ihre Fragen, daß er nicht gedanklich oder emotional abblockt und eine Erweiterung seiner «Landkarte» ablehnt. Das Gelingen eines Gesprächs dieser Art hängt zum einen sicherlich da-

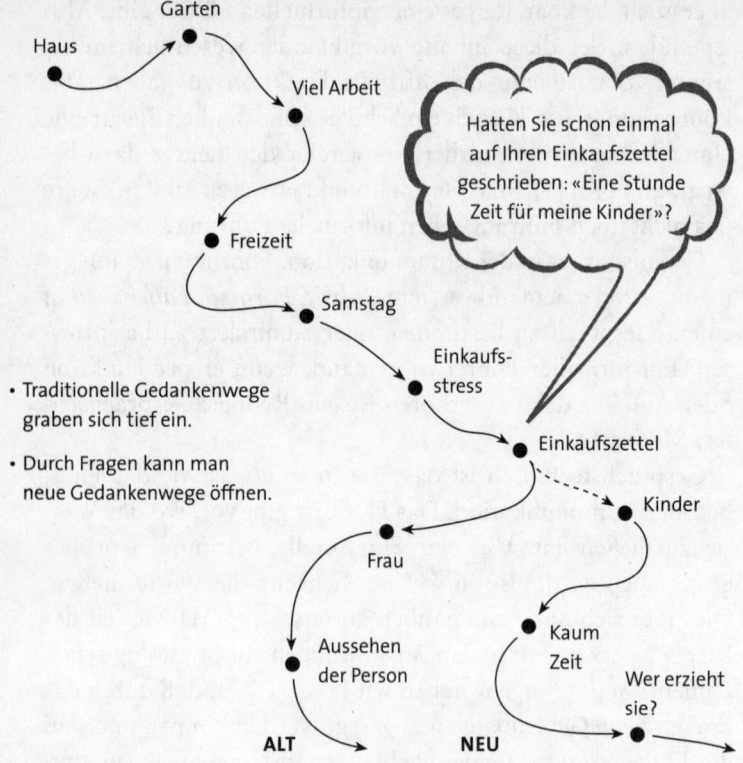

Alte Gedankengänge durch Fragen verlassen. Neue Gedanken gehen.

von ab, wie gut Sie die «Werkzeuge» des Fragens beherrschen, also Erkenntnisse über die verschiedenen Fragearten und -typen, über die Schritte des «Zuhörer-Loops» und andere rhetorische Mittel verinnerlicht haben. Besonders wichtig ist unserer Meinung nach auch hier wieder die *Art und Weise des Fragens*, der wir deshalb ein eigenes Kapitel gewidmet haben. Fragen mit Fingerspitzengefühl, mit viel Empathie für unser Gegenüber wird uns vielleicht nicht schneller, aber immer auf angenehmere, menschlichere Weise zu unserem Gesprächsziel führen. Dieses «Fingerspitzengefühl» können wir Ihnen nicht einfach durch Merksätze und Tips vermitteln, doch Sie werden es von Gespräch zu Gespräch von selbst weiterentwickeln, weil Sie nun mit Bewußtheit kommunizieren.

5. Mit Fragen rechnen

5.1 Die Frage nach dem Deal

- *Denken Sie, Fragen sei berechnend?*

Wir denken, je bewußter und professioneller wir kommunizieren und somit auch fragen, desto ergiebiger wird unsere Kommunikation im Inhalt und auch in der Nähe, die wir zu Menschen entwickeln können.

Geht es in der Kommunikation denn nicht genau darum, Menschen zu erreichen, Inhalte so zu vermitteln, daß unser Zuhörer sie möglichst so verstehen kann, wie sie von uns gemeint sind? Und andererseits wollen wir Inhalte möglichst so aufnehmen können, wie sie der Sender der Nachricht verstanden haben wollte. Als kommunikationsgeschulte Leser wissen Sie, wie schwer dieses Ideal des Verstehens zu erreichen ist, denn unsere eigenen Strukturkreise stehen uns dabei sozusagen im Weg. Wir müssen bei jedem Gespräch die Anstrengung auf uns nehmen, diese Kreise zumindest ein Stück weit zu überwinden, um die Botschaft des anderen auch in seinem Sinne aufnehmen zu können.

Wir gehen davon aus, daß jeder Frage das Interesse an einer Antwort zugrunde liegt, die einen bestimmten Gehalt aufweist. Natürlich gibt es hierzu Ausnahmen wie die rhetorische Frage, die nur eingesetzt wird, um die Aufmerksamkeit der Zuhörer zu erregen. Dazu gehört zum Beispiel auch die so oft eher «rituell» gestellte Frage «Wie geht es dir?», obwohl ein tatsächliches Interesse am Befinden des anderen gar nicht vorhanden ist. Nicht, daß wir sagen, diese ritualisierten Fragen seien unnütz, doch wir sprechen hier von tatsächlichen Fragen, denen ein wahrhaftiges inhaltliches Interesse zugrunde liegt.

- *Sind Sie sich über Ihr wahres Interesse in Gesprächen bewußt?*
- *Kalkulieren Sie Ihre Fragen und die Reaktion Ihres Gegenübers?*
- *Mit welcher Antwort oder welchem Verhalten rechnen Sie?*

Bleiben wir im Moment noch bei Ihnen selbst und beschäftigen wir uns mit der Frage, wie bewußt Sie selbst kommunizieren bzw., noch spezifischer, wie bewußt Sie *fragen*!

Das Interesse und vor allem das «wahre Interesse» herauszufinden ist jedoch nicht immer ganz einfach, da es teilweise nicht offensichtlich ist und die tatsächliche Frage nicht direkt und offen gestellt wird. Wir wollen dies an einem Beispiel erläutern.

Stellen Sie sich einen jungen Mann vor, der eine nette junge Frau kennenlernt und das dringende Bedürfnis verspürt, ihr näherzukommen. In aller Regel wird er sie nicht nach den ersten Stunden des Beisammenseins fragen, ob sie mit ihm eine Beziehung eingehen möchte. Vielmehr wird er versuchen, auf subtilere Art und Weise herauszufinden, wie sie dazu steht, und wird ihr deshalb Fragen stellen, die sich – in der Abstraktionspyramide – tendenziell auf einem niedrigeren «Niveau» befinden.

Er stellt ihr zum Beispiel die Frage: «Möchtest du gerne mit **167** mir ins Kino gehen?» Diese Frage befindet sich irgendwo weit unten in der Abstraktionspyramide und versteckt das tatsächliche Interesse des jungen Mannes. Seine implizierte, tatsächliche Frage an die junge Frau lautet: «Findest du mich gut? Möchtest du mich wieder treffen?»

Wir erkennen, daß das Frage-Interesse hierbei primär auf der Beziehungsebene und nicht bei der vorgeschlagenen Aktivität (ins Kino gehen, essen gehen usw.) liegt.

Tatsächlich ist Flirten vergleichbar mit einem Spiel, das die jeweiligen «Spielteilnehmer» miteinander spielen. Dieses Spiel wiederum ist vergleichbar mit einer Spirale innerhalb der Abstraktionspyramide. Auf dieser Spirale tasten sich die Spielteilnehmer Stück für Stück an die tatsächlichen Fragen heran und versuchen, die Reaktionen des anderen Spielers so vorauszuberechnen, daß dieser sich nicht aus dem Spiel zurückzieht, sondern die nächste Stufe zum heiß Ersehnten nimmt.

Dieses Beispiel aus dem privaten Bereich läßt sich auch auf berufliche Themen übertragen: Wenn Sie etwas verkaufen wollen, fallen Sie normalerweise nicht mit der Tür ins Haus, sondern tasten sich in einer Verhandlung zunächst vorsichtig voran, um – auch mittels überlegter Fragen – das Interesse und die Ausgangsposition Ihres Gegenübers zu ermitteln. Also können wir auch hier von einer spiraligen Bewegung innerhalb der Abstraktionspyramide sprechen, die durch Fragen vorangetrieben werden kann.

5.2 Ist es möglich, mit Fragen zu rechnen?

Natürlich! Die Frau, die abends nicht nach Hause kommt, rechnet am nächsten Tag sicherlich mit der Frage ihres Angetrauten: «Wo warst du die ganze Nacht?»

Wir können jedoch nicht nur in diesem – leicht nachvollziehbaren – Kontext mit Fragen rechnen. Wir meinen, daß sich Fragen auch in anderen Zusammenhängen vorausberechnen lassen, so daß wir von diesen nicht mehr überrascht werden. Oder, positiv ausgedrückt, daß wir uns auf Fragen generell einstellen und möglichst in unserem Sinne reagieren können.

Wenn wir mit Fragen rechnen, dann ist die 1. Regel:

Zeit gewinnen, um hinreichend auf die Frage reagieren zu können.

Zeit gewinnen können wir, indem wir

- rhetorisch reagieren: Wir «antworten» auf die Frage zum Beispiel mit einer Floskel (die wir hier als kommunikatives Werkzeug positiv sehen), zum Beispiel: «Das ist eine gute Frage!» – «Diese Frage überrascht mich nicht, ich möchte trotz allem aber nicht direkt darauf antworten.» – «Über diese Frage möchte ich nachdenken.»
- die «Fünf-Sekunden-Regel» anwenden: Warten Sie einige Sekunden ab, bleiben Sie ganz ruhig, wenden Sie sich Ihrem Gesprächspartner zu, und nutzen Sie die Zeit, um zu überlegen, sich zu sammeln. – Das wird bei Ihrem Gegenüber nicht negativ ankommen, im Gegenteil, es erhöht die Spannung und macht Ihre Reaktion interessanter und nachdrücklicher. **169**

- mit einer Gegenfrage reagieren: «Wie siehst *du* denn diese Sache?»
- inhaltlich nicht auf die Frage eingehen und das Gespräch auf ein ganz anderes Thema lenken.

die 2. Regel:

Immer positiv bleiben! Keine Frage ist dumm!

die 3. Regel:

Nutzen Sie das Gedankengut des anderen!
Oder wären Sie selbst auf diese Frage gekommen? (Denken Sie hierbei an die physiologische Dimension! Werden durch diese Frage neue Gehirnbahnen bei Ihnen angelegt?)

5.3 Mit welcher Reaktion können Sie rechnen?

Frage-Art	Beispiel	Mit welcher Reaktion können Sie rechnen?
Offene Frage	Wie geht es dir?	viel Information, viele Details (möglicherweise zu viele Details) (Wie war denn der Urlaub? – Oh, Klasse, warte mal, ich hole die Bilder …)

Frage-Art	Beispiel	Mit welcher Reaktion können Sie rechnen?
Geschlossene Frage	Geht es dir gut?	kurze, klare, prägnante Antwort, wenig Information, tendenziell keine Abschweifungen
Assoziative Frage	Welche Möglichkeiten gibt es denn, dein Wohlbefinden zu erhöhen?	neues Gedankengut, ver-rückte Ideen, neue Gedankenwege (im Sinn der physiologischen Dimension)
Rhetorische Frage	Zum Beispiel als einleitende Frage in einer Präsentation	eine Antwort, die Sie gar nicht wünschen, Verwunderung
Suggestive Frage	Finden Sie als Hausfrau nicht auch, daß ...	Verärgerung, Unmut

Die Auseinandersetzung mit der Frage «Mit welchen Fragen können Sie rechnen» impliziert eine *proaktive Grundhaltung*. Sie gehen in Gedanken den zweiten Schritt vor dem ersten, Sie beschäftigen sich vorab schon mit dem, was auf Sie zukommen wird. Insofern ist es eine Antizipation der Zukunft. Sie stellen sich auf die Zukunft ein und bereiten sich somit auf sie vor. Das ist genau das, was Sie tun, wenn Sie sich damit auseinandersetzen, mit welchen Fragen Sie in bestimmten Situationen rechnen können/müssen.

5.4 Die zeitliche Dimension

Inhaltlich beschäftigen sich Fragen entweder mit der Vergangenheit, der Gegenwart oder der Zukunft.

- *Weshalb ist es wichtig, sich mit Fragen der Vergangenheit auseinanderzusetzen?*
- *Macht es Sinn, über Ihre gegenwärtige Situation nachzudenken?*
- *Weshalb sich über die Zukunft Gedanken machen und nicht einfach in den Tag hineinleben?*

Alles hat mindestens zwei Seiten, so auch die Fragen, die sich mit der Vergangenheit, der Gegenwart oder der Zukunft beschäftigen. Hier einige positive Aspekte dazu:

Vergangenheit	Gegenwart	Zukunft
um aus ihr zu lernen	Selbstreflexion, Selbstbeobachtung schafft Bewußtsein	Visionen geben Kraft!
Verhaltensmuster ableiten		Ziele schaffen Klarheit
	Carpe diem – den Tag nutzen/genießen, lernen	Strategien geben einen klaren Weg vor

5.5 Die W-Dimension

Die verschiedenen Fragewörter, die eine Frage einleiten können, bestimmen natürlich ebenfalls die Richtung der Frage
und die der Antwort, mit der wir rechnen.

1. Die Frage nach dem Inhalt:
«Was willst du mit dieser Bemerkung eigentlich sagen?»
«Was genau ist Ihre Aufgabe?»

2. Die Frage nach der Zeitlichkeit:
«Wann genau werden wir uns treffen?»
«Wann lieferst du die Arbeit ab?»

3. Die Frage nach der Art und Weise:
«Wie wollen Sie vorgehen?»
«Wie beurteilen Sie die Situation in Ihrer Abteilung?»

4. Die Frage nach dem Sinn oder Hintergrund:
«Weshalb bist du heute abend so griesgrämig?»
«Wieso kommst du erst jetzt aus der Schule?»

5. Die Frage nach der Örtlichkeit:
«Wo bist du am Wochenende gewesen?»
«Wo verbringt ihr in diesem Jahr euren Sommerurlaub?»

Die Frage nach dem Deal

Eines ist sicher: Das Leben ist Nehmen und Geben. Wir bekommen vom Leben das zurück, was wir ihm geben, in jedem
Moment.

Wenn Sie – beruflich oder privat – ständig nur nehmen und nicht wiedergeben, werden Sie langfristig verlieren. Wenn Sie innerhalb einer Beziehung immer nur nehmen und nichts geben, wird sich die Beziehung irgendwann auflösen.

In einer Kunden-Lieferanten-Beziehung werden Sie langfristig erfolgreicher sein, wenn Sie Synergieeffekte schaffen, wenn Sie sich gemeinsam entwickeln. Die Zeiten des bloßen Konkurrenzdenkens, in denen es nur darum ging, kurzfristig den besten Preis zu erzielen, sind vorbei. Enge Kunden-Lieferanten-Beziehungen schaffen Vertrauen, Vertrauen schafft die Basis für gemeinsame Entwicklung und damit Erfolg für beide Partner. Die Formel lautet: $1 + 1 > 2$. Gemeinsame Entwicklung schafft somit eine größere Wertschöpfung. Eine Erkenntnis, die Sie übrigens auch innerhalb jedes Teams feststellen können. Einzelkämpfertum ist out, Teamplayer sind in.

Übertragen auf die Kunst des Fragens heißt das: Glauben Sie, Sie erhalten möglichst viele Informationen, wenn Sie immer nur fragen? – Wir sagen: Nein! Deshalb: *Dealen Sie!*

Geben Sie Informationen:

- Sagen Sie, was Ihre Absicht ist.
- Sagen Sie, welche Erwartung Sie haben.
- Reflektieren Sie die Beziehungsebene.

Nehmen Sie, **erfragen** Sie Informationen:

- Fragen Sie, was die Absicht Ihres Partners ist.
- Fragen Sie nach seinen Erwartungen.
- Fragen Sie nach seiner Reflexion der Beziehungsebene.

> **TIP:** Das Leben ist tagtäglich von Verhandlungen geprägt! Wenn Sie geben, achten Sie darauf, daß Sie auch bekommen. Erfragen Sie sich Ihren Teil, wenn Sie ihn nicht automatisch bekommen. Wenn Sie bekommen, dann geben Sie auch.

6. Moderation

6.1 Erfolgreiche Moderation mit Hilfe von Fragen

Die Methode der Moderation wird immer häufiger angewendet. Insbesondere im Berufsleben, aber auch in Vereinen, im Studium oder in der Schule, in der Ehe- und Familienberatung – kurz, überall dort, wo im Gespräch unter mehreren eine strukturierende Leitung, ein unparteiischer Koordinator erforderlich ist. Und da in all den genannten Bereichen zunehmend auf Dialog statt Monolog gesetzt wird, erweist sich die Moderation als eine immer wichtigere Hilfe zur strukturierten Verständigung in Gruppen.

6.2 Welche Aufgaben hat ein Moderator?

Typischerweise hat der Moderator die Verantwortung für eine ganze Reihe von Funktionen. Dies sind im einzelnen:
- *Anmoderation:* Teilnehmer begrüßen, Thema nennen und Vorgehensweisen erläutern, gegebenenfalls «Spielregeln» aufstellen,
- *Zeitmanagement:* Zeitaufwand kontrollieren und gegebenenfalls auf Zeitabweichungen reagieren,

- *Zielmanagement:* den «roten Faden» im Auge behalten und gegebenenfalls die Teilnehmer zum eigentlichen Thema/Zweck des Gesprächs zurückholen,
- *Gruppendynamik:* ein Teilnehmer, der nichts beiträgt, ist ein nutzloser Teilnehmer, ein Teilnehmer, der alle übertönt, ebenfalls. Die Verantwortung des Moderators ist es, jedem Teilnehmer möglichst gleiche Redeanteile zu verschaffen, zurückhaltende Teilnehmer zu Beiträgen zu ermuntern und dominante Teilnehmer eventuell zu bremsen.
- *Visualisieren:* Beiträge auf Flipchart oder Tafel festhalten; Zusammenhänge verdeutlichen; mit Hilfe von Bildern oder Graphiken auf den Punkt kommen,
- *Protokollieren:* Beschlüsse, Tätigkeiten (wer macht was bis wann), Vereinbarungen schriftlich festhalten und nach der Besprechung an alle Teilnehmer verteilen,
- *Abmoderation:* Zusammenfassen der Inhalte, nächste Schritte und Aktionen aufzeigen; Dank an alle Teilnehmer und Verabschiedung.

6.3 Muß der Moderator alles selbst machen?

All diese Funktionen müssen nicht in jeder Moderation erfüllt werden, sind aber typische Rollen, die ein Moderator einnehmen kann und sollte, wenn sie seine Aufgabe unterstützen. Natürlich ist es dem Moderator auch freigestellt, jederzeit eine oder mehrere dieser Funktionen an einen anderen Teilnehmer abzugeben. Denn meist ist die Erfüllung aller aufgezählten Aufgaben – selbst wenn der Moderator keine inhaltlichen Beiträge einbringt – eine recht komplexe Aufgabe. Das heißt, der Moderator kann auch Funktionen delegieren, etwa das Zeitmanagement – in diesem Fall wird ein anderer Teilnehmer darauf achten, daß die eingeplante Zeit pro Agendapunkt eingehalten und die Besprechungszeit insgesamt nicht überzogen wird.

- *Haben Sie auch schon einmal moderiert?*
- *Welche Funktionen haben Sie in der Moderation erfüllt?*
- *Welche Funktionen hätten zusätzlich ausgeübt werden sollen?*

Sicher kennen viele von Ihnen die Sendung «Das literarische Quartett», das vom Altmeister der publikumswirksamen Literaturkritik, Marcel Reich-Ranicki, angeführt und moderiert wird. Herr Reich-Ranicki bietet uns ein sehr ungewöhnliches Beispiel eines Moderators, das uns weniger zur Nachahmung als zur genauen Beobachtung auffordern sollte. Hier können wir einen formellen Gesprächsleiter beobachten, dem es gelingt, sowohl alle Aufgaben eines Moderators wahrzunehmen (An- und Abmoderation, Zeit- und Zielmanagement usw.) und gleichzeitig auch inhaltlich stark beizutragen, der manchmal sogar polemisiert. Und dennoch hat der Zuschauer das Gefühl, daß Reich-Ranicki auch als Gesprächsleiter die Fäden in der Hand hat, (meist) darauf achtet, daß jeder zu Wort kommt, selbst wenn die Diskussion manchmal hitzig wird.

6.4 Informelle Moderation

In den meisten Fällen wird die Moderation von einem ernann-
ten Moderator durchgeführt. Ein Gespräch, eine Sitzung,
kann allerdings auch so verlaufen, daß sich ein *informeller
Moderator* herauskristallisiert. Diese Rolle geht oftmals auf
den Gesprächsteilnehmer über, der besonders intensiv durch
Fragen an die anderen Gruppenmitglieder in das Gespräch
eingreift, es dadurch absichtlich oder unabsichtlich lenkt. Indem ein Teilnehmer – ohne ausdrücklichen Auftrag – eine
Frage stellt, die zu einer der typischen Moderationsaufgaben
gehört, schlüpft er in die Haut des informellen Moderators.
Bereits die einfache Fragen «Sind wir denn noch auf dem richtigen Weg?» (Zielmanagement) oder «Sollten wir nicht aus
Zeitgründen zur Abstimmung kommen?» (Zeitmanagement),
oder «Denken Sie nicht, wir sollten auch mal die anderen Kollegen zu Wort kommen lassen?» (Gruppendynamik) können
der Gesprächsrunde einen neuen Verlauf geben. Der Fragende
wird zum informellen Moderator.

Die informelle Moderation ist übrigens weder anrüchig
noch ungerechtfertigt. Im Gegenteil, jeder Teilnehmer sollte
Verantwortung für das Gespräch übernehmen. Das heißt konkret: Fall es einen definierten Moderator gibt, der seine Aufgaben wahrnimmt, sollte der Respekt gebieten, ihm nicht ins
Handwerk zu pfuschen. Wird allerdings eine in dieser Situation wichtige Rolle nicht eingenommen, so kann es sehr hilfreich sein, wenn ein Teilnehmer dies auch ungefragt tut.

- *Waren Sie schon einmal ein informeller Moderator?*

Das Moderationshaus

	MODERATION								
Informell					Formell				
Durch Fragen Moderations-rolle übernehmen					Fragen als Technik				
Gruppendynamik	Zeit-Management	Inhalte koord.	Ideen fördern	Konsens schaffen	Gruppendynamik	Zeit-Management	Inhalte koord.	Ideen fördern	Konsens schaffen
Moderations teils übernehmen					oder delegieren				
Erfolgreiche Gespräche									

So können dann auch ganze Besprechungen (vor allem in kleinem Rahmen) geführt werden, ohne daß es einen offiziellen
Moderator gibt. Insbesondere bei kommunikativ geschulten
Teilnehmern stellen wir häufig fest, daß es einen Trend zur
«offiziellen informellen Moderation» gibt, das heißt, die Teilnehmer verständigen sich darauf, daß die Moderationsaufgaben ad hoc von demjenigen eingenommen werden, der sich
hierfür gerade verantwortlich fühlt. Also eine situationsab-
hängige Rollenverteilung, die auf Eigeninitiative beruht. Dies
ist allerdings nur im kleinen, lockeren Rahmen möglich.

6.5 Fragen und Moderation:
Ein ideales Paar

Ein Moderator spielt seine Rolle in der Regel «hauptberuflich», das heißt, er leistet keine inhaltlichen Beiträge, sondern hat die Aufgabe, durch seine Unterstützung gute inhaltliche Beiträge zu fördern. Er ist nicht derjenige, der Argumente beiträgt, der andere überzeugt oder Antworten findet, sondern ihm obliegt es, die Teilnehmer zu koordinieren und ein Umfeld zu schaffen, in dem ein guter Austausch stattfinden kann. Er ist nicht im «Sende-Modus», sondern er provoziert Antworten, indem er lenkt, leitet und führt. Und wie könnte er besser führen als durch Fragen?

- Fragen beleben die Moderation.
- Fragen zeigen Richtungen auf, ohne sich inhaltlich festzulegen.
- Fragen führen (zum Ziel).

Lassen Sie uns das Thema Moderation noch aus einer anderen Perspektive betrachten. Ursprünglich bedeutet das Wort moderat «gemäßigt», «maßvoll», «zurückhaltend». Das Wort Moderation bedeutet «Mäßigung», «Gleichmut»; im Lateinischen, aus dem es stammt, steht moderatio für «rechtes Maß», «Mäßigung», «Lenkung» und «Selbstbeherrschung».

Wenn wir in unseren Trainings von Moderation sprechen, so denken die Teilnehmer oftmals an einen geschäftlichen Rahmen, sie denken daran, vor einem Publikum zu stehen und eine Diskussion in einem großen Rahmen lenken zu müssen. Was dabei vernachlässigt wird, ist die Tatsache, daß jedermann in sehr vielen Gesprächen moderiert, ohne es als solches zu interpretieren.

Denken Sie doch einfach einmal an eines Ihrer letzten Gespräche mit Freunden, innerhalb der Familie oder in Ihrer Abteilung. Diese Gespräche müssen nicht notwendigerweise Gespräche innerhalb großer Gruppen gewesen sein, nein, auch in jedem Zweiergespräch nehmen Sie die Funktion des Moderators ein.

Ein Gespräch zwischen Ehepartnern über den nächsten Sommerurlaub könnte folgendermaßen verlaufen:

Er: Ich fände es toll, wenn wir uns in diesem Jahr endlich die langersehnte Rundreise durch die USA gönnen würden.

Sie: Natürlich wäre das schön, aber ich glaube nicht, daß wir uns das schon in diesem Sommer leisten können. Außerdem gibst du sowieso schon wieder viel zuviel Geld für deine Freizeitaktivitäten aus. Ich habe keine Lust, nach dem Urlaub wieder jeden Pfennig umdrehen zu müssen, nur damit du dir ständig deine Träume von Sonne und Freiheit erfüllen kannst!

Er: Ich dachte, die USA-Reise war auch immer dein Wunsch! Aber laß uns doch einmal versuchen, die verschiedenen Probleme, die du gerade angesprochen hast, im einzelnen anzuschauen. Geht es dir hauptsächlich um das Ziel der Reise? Oder fürchtest du, daß wir uns finanziell damit übernehmen könnten? Und was meinst du konkret damit, daß ich zuviel Geld für meine Freizeitbetätigungen ausgebe? Und warum ärgert dich das so sehr?

Ganz gleich, wie dieses Gespräch enden wird – deutlich ist, daß «Er» in diesem Fall die Rolle des Moderators übernommen hat, indem er die verschiedenen Botschaften seiner Frau durch seine Fragen herausarbeiten wollte. Indem er nicht emotional auf die Vorwürfe reagiert, sondern die Aussagen hinterfragt und somit «versachlicht», wirkt er als «Moderator» des Gesprächs. Denn vom Wortursprung hergeleitet bedeutet Moderation de facto, daß jedes Gespräch, auf das Sie mäßigend einwirken, jedes Gespräch, welches Sie versuchen zu lenken (im Sinne von: nicht aus den Fugen geraten zu lassen), von Ihnen «moderiert» wird.

- *Haben Sie Ihre Rolle in Gesprächen schon einmal von dieser Perspektive aus betrachtet?*

TIP: Machen Sie sich bewußt, daß Sie jedes Gespräch, in das Sie involviert sind, moderieren können. Werden Sie sich deshalb auch über Ihren Einflußbereich bewußt.

7. Diskussion

- *Was ist Ihnen in einer Diskussion wichtiger?*
- *Ihren Gesprächspartner von etwas zu überzeugen?*
- *Neue Einsichten zu gewinnen?*
- *Zum richtigen Ergebnis zu kommen?*
- *Zu gewinnen?*
- *Zu lernen?*

7.1 Eine Diskussion vorbereiten

Wir denken, daß es am wichtigsten ist, eine Diskussion wirklich bewußt zu führen. Bewußt heißt in diesem Fall: Ich mache mir vor oder während der Diskussion Gedanken darüber, wie wichtig es für den Gesprächsverlauf ist,

- daß ich die Sache von der Person trenne und
- daß ich meinem Gesprächspartner ermögliche, sein Gesicht zu wahren.

Betrachten wir diese beiden Aspekte nun einmal näher: In einer Diskussion geht es naturgemäß meist um verschiedene Standpunkte zu einem Thema, einer Situation, einem Problem. Um diese Diskussion erfolgversprechend führen zu können, ist es nötig, sich bewußt zu machen, worum es auf der *Sachebene* tatsächlich geht. Dieses Bewußtsein erleichtert es **183**

Ihnen, klar zwischen der Beziehungsebene, auf der Sie sich mit Ihren Diskussionspartnern bewegen, und der inhaltlichen Ebene des Gesprächs zu trennen.

Der zweite Aspekt einer erfolgreichen Diskussion ist der Grundsatz: Ermöglichen Sie Ihrem Gesprächspartner, sein Gesicht zu wahren! Dieses Motto impliziert, allein die Mittel der professionellen Kritik zu benutzen (konkret, sachbezogen, konstruktiv, verbindlich), ebenso erfordert es vom Sprecher, seine Aussagen klar zu formulieren und seine Bereitschaft zu zeigen, sich in die Position des anderen hineinzuversetzen.

Kommunikative «Werkzeuge» hierzu sind zum Beispiel die Verwendung von Ich-Aussagen, die «Fünf-Sekunden-Regel», sich in den Aufnahme-Modus zu begeben, aktives Zuhören usw. (Ausführliche Tips zu diesem Thema finden Sie in dem Buch von Hahn/Stickel: Richtig miteinander reden. mvg-Verlag 1999)

Wir betonen an dieser Stelle, wie wichtig diese kommunikativen Grundsätze sind, weil uns die Erfahrung gelehrt hat, daß nur auf diese Weise eine für alle Beteiligten wirklich sinnvolle und ergebnisreiche Diskussion geführt werden kann. Nur wenn ich mir über meine Ziele im klaren bin, komme ich auch dort an, wo ich hinwollte. Sonst gehe ich vielleicht völlig frustriert aus einer Diskussion, in der ich unsachlich gewesen bin und sogar andere wegen ihrer Meinung angegriffen habe. Auch wenn Sie nur einer der Gesprächsteilnehmer sind, tragen Sie doch Verantwortung dafür, daß der Gesprächsprozeß effektiv und auch für alle Teilnehmer persönlich angenehm verläuft.

Noch ein wichtiger Gedanke hierzu:

Es gibt keine absolute Wahrheit! Jeder Mensch agiert aus seinen Strukturkreisen heraus, jeder hat seine eigene Wirklichkeit, die es zunächst einmal zu akzeptieren gilt.

7.2 Diskussion als ständiger Lernprozeß

Zur Durchführung einer erfolgreichen Diskussion gehört auch die Komponente der *Reflexion*. Intensive Reflexion ist mindestens ebenso wichtig wie die richtige Vorbereitung auf ein Gespräch. Reflektieren Sie *nach* möglichst vielen Gesprächen den *Gesprächsprozeß*, die Inhalte Ihrer Reaktionen, die Reaktionen der anderen, die Gesprächsatmosphäre, die impliziten Aussagen, und fragen Sie nach Ihrem eigenen Gesprächsinteresse und nach dem des/der anderen.

- *Was können Sie daraus lernen?*
- *Was werden Sie bei der nächsten Diskussion anders machen?*
- *Hatten Sie die tatsächliche Intention der anderen verstanden?*
- *Wenn ja, wie wurden Sie dieser gerecht?*
- *Sind Sie Kompromisse eingegangen, oder waren Ihnen nur Ihre Ziele wichtig?*
- *Was, glauben Sie, war inhaltlich realistischerweise erreichbar?*

- *Waren Sie im Aufnahme-Modus?*
- *Haben Sie in der Sache gewonnen und dabei die Menschen verloren?*

- *Denken Sie an die Abstraktionspyramide! Wie war die Diskussion unter diesem Gesichtspunkt?*
- *Haben Sie sich in Details verloren?*

- *Konnten Sie auf den Kern der Sache oder des Gefühls kommen?*
- *Haben Sie das Gespräch auf einer angemessenen Ebene geführt?*

- *Denken Sie an die Möglichkeiten Ihres Gehirns!*
- *Haben Sie assoziative Fragen gestellt?*
- *Haben Sie versucht, den anderen zu verstehen ... und somit neue Bahnen bei sich selbst anzulegen?*

7.3 Wozu dient eine Diskussion?

Spontan werden sicher viele Menschen antworten, daß sie in einer Diskussion ihren Gesprächspartner von einer Sache, einer Meinung überzeugen wollen. Doch sollte das tatsächlich der Zweck einer Diskussion sein?

Im Grunde dient eine Diskussion dazu, *ein Thema zu weiten*. Gehen wir von dieser Grundüberzeugung aus, so ergeben sich automatisch die kommunikativen Rahmenbedingungen, die wir unter dem Aspekt der *Art und Weise* des Fragens in diesem Buch behandelt haben.

Eine Diskussion ist so gesehen also immer eine Situation, in der wir etwas lernen können. Diskussionen ermöglichen uns, neue Bahnen in unserem Gehirn anzulegen, weil wir die Chance haben, andere Sichtweisen kennenzulernen. Sichtweisen, die sich uns in der Vergangenheit noch gar nicht eröffnen konnten, da wir eben auf andere Strukturkreise zurückgreifen, weil jeder von uns anders «strukturiert» ist.

Sehen wir uns noch einmal das «Literarische Quartett» an, denn diese Runde ist auch im Hinblick auf die Frage «Was ist das Ziel einer Diskussion?» sehr ergiebig. In diesem Zirkel steht immer im Vordergrund, das Thema zu weiten: Jede Meinung über das zu besprechende Buch darf stehenbleiben. Auch wenn oft kräftig widersprochen wird, so ist doch immer deutlich, daß es darum geht, möglichst viele Sichtweisen zur Sprache kommen zu lassen. Nach unserer Beobachtung geht es den prominenten Teilnehmern dieser Diskussionsrunde nicht darum, sich mit ihrer Meinung zu profilieren, sondern damit einen Beitrag zur Beurteilung eines literarischen Werkes zu leisten. Daß dabei heftig argumentiert und Beweis geführt wird, dient der Lebhaftigkeit der Streitgespräche – zur Freude der Zuschauer. Und weil die Weitung des Themas, nicht eine Festlegung auf eine Meinung das Ziel des «Literarischen Quartetts» ist, trifft Reich-Ranickis stets gleiche Abmoderation auch meist den Tenor des Abends: «... und also sehen wir betroffen, den Vorhang zu und alle Fragen offen.»

Diskussionen sind *die* Gelegenheiten, Dinge auf einer anderen Abstraktionsebene zu erkennen und zu verinnerlichen, sie geben uns die Chance, ein weiteres Blickfeld zu erlangen, die Scheuklappen abzulegen und weltoffener zu werden.

Diskussionen sind bereichernd für uns, sobald wir begriffen haben, daß es wichtiger ist, zu fragen und Neues aufzunehmen, als uns in Gesprächen zu positionieren und die anderen von unserer Meinung zu überzeugen.

TIP: Überprüfen Sie Ihre Grundhaltung, mit der Sie in die nächste Diskussion gehen!

8. Erfolgreiche Präsentation

- *Ist Präsentieren immer nur ein Monolog?*
- *Wann und wie können Fragen beim Präsentieren helfen?*
- *Sind Sie ein erfolgreicher Präsentator, und wenn ja, warum?*
- *Was macht eine gute Präsentation aus?*

Präsentationen sind seit jeher im Berufsleben eine der wichtigsten entscheidungsvorbereitenden Techniken. Sie sind ein Instrument, um mit anderen komplexe Gedanken zu teilen, um Informationen zu vermitteln oder um Dritte zu überzeugen. Und das meist innerhalb einer kurzen Zeit. Um so wichtiger ist es deshalb, daß die Präsentation erfolgreich ist und beim Publikum «ankommt».

8.1 Was ist eine gute Präsentation?

Das haben wir auch die Teilnehmer unserer Trainings gefragt. Dabei sollten sie nennen, was ihnen einfällt, wenn sie an besonders gute oder schlechte Präsentationen, die sie bisher erlebt haben, denken. Das Ergebnis:
Am häufigsten genannte Merkmale schlechter Präsentationen:
1. schlechter Redner (rhetorisch)

2. lange Dauer

3. fehlende Relevanz (inhaltlich)

Am häufigsten genannte Merkmale guter Präsentationen:

1. gutes Entertainment (lustig, spontan, unterhaltsam)
2. hoher Dialog-Anteil (bindet Publikum mit ein, geht auf Fragen ein)
3. hohe Relevanz (inhaltlich)

Sicher werden Sie sich fragen: Wie kann das Thema Fragen uns helfen, gute Präsentationen zu gestalten und zu halten? Gleich werden Sie es wissen. Wie in vielen Lebensbereichen – und besonders auch im Arbeitsleben – ist die Vorbereitung und Planung die halbe Miete. Oder zumindest der erste von insgesamt drei Teilen! Der zweite Teil ist die Durchführung. Und der dritte? Na ja, der dritte Teil ist das Feiern unseres Erfolgs! Denn irgendwo muß die Motivation für die Vorbereitung und Durchführung des nächsten Zieles ja herkommen.

Bevor wir aber zum Feiern kommen, lassen Sie uns einige Gedanken auf Teil 1 und 2 einer erfolgreichen Präsentation verwenden – und wie die richtigen Fragen dabei helfen können.

8.2 Zwölf Fragen zur Vorbereitung

Der **Erfolg einer Präsentation** hängt wesentlich von deren Vorbereitung ab – ähnlich wie wir dies auch aus Verhandlungen kennen: Meist gewinnt derjenige, der sich besser vorbereitet hat. Das heißt nicht unbedingt, daß die Vorbereitung unendlich lange dauern muß, aber es heißt, daß Sie sich bereits im Vorfeld die richtigen Fragen stellen und beantworten sollten. Und genau dies ist unser Thema: zwölf Fragen zur Vorbereitung einer Präsentation!

- *Wie haben Sie sich bisher auf Präsentationen vorbereitet?*
- *Was haben Sie geplant und was spontan gemacht?*
- *Welche Fragen haben Sie sich im Vorfeld gestellt?*

Lassen Sie uns – bevor wir zu den Fragen kommen – noch etwas Wichtiges einschieben: die **häufigsten Fehler** in der Vorbereitung! Wissen Sie, welche es sind? Sehr oft begangene Fehler in der Vorbereitung von Präsentationen sind

- die «**Detail-Falle**» und
- der «**Sende-Modus**».

Die **Detail-Falle** schlägt meist bei denen zu, die schon sehr stark mit dem Thema vertraut sind und vergessen, daß das Publikum einen völlig anderen Wissensstand hat. Sie vergessen, das Publikum «dort abzuholen, wo es ist». Abholen kann in diesem Zusammenhang bedeuten, zum Beispiel mit einer groben Einordnung des Themas in den Gesamtzusammenhang zu beginnen, Fachausdrücke und Abkürzungen zu erklären oder Details wegzulassen, die das Publikum nicht interessieren bzw. die das Thema unnötig verkomplizieren. Meist kann man dieser Falle entgehen, indem man die Präsentation probeweise vor jemandem hält, der mit dem Thema überhaupt nicht vertraut ist. Wenn derjenige signalisiert, er hätte es verstanden, haben Sie die Detail-Falle umschifft und eine verständliche Präsentation erstellt (oder Ihr Proband lügt!).

Der **Sende-Modus** ist zunächst in einer Präsentation kein Fehler. Im Gegenteil: Gerade in einer Präsentation ist der Präsentator typischerweise in der Situation, zu «senden», also dem Publikum etwas mitzuteilen – im Gegensatz zu seinen Zuhörern, die aufnehmen, zuhören und verstehen wollen (also im Aufnahme-Modus sind). Für die Vorbereitung ist dies jedoch ungenügend. In der Vorbereitung sollte es gelingen, aus dem Sende-Modus herauszutreten und das Thema *aus anderen Perspektiven* heraus zu betrachten. Die wichtigste dabei ist naturgemäß die des Publikums. Folgende Fragen können dabei weiterhelfen:

- *Was* interessiert mein Publikum?
- *Wie* wird es meine Inhalte am besten verstehen?
- Was erleichtert das *Verständnis*, und was würde es erschweren?
- Welche *Vorkenntnisse* besitzt es?

Wenn Sie es schaffen, Ihre Präsentation nicht im «Sende-Modus» vorzubereiten, sondern aus der Sicht Ihres Publikums, dann wird Ihre Darbietung auch *inhaltlich relevant* sein. Und wie wir gesehen haben, ist dies eine der wichtigsten Komponenten einer erfolgreichen Präsentation.

Lernen Sie aus den Fehlern der anderen, wenn Sie in der Vorbereitung einer Präsentation sind: Vergessen Sie für einen Moment den Inhalt, die Details, all die vielen Dinge, die Sie mitteilen möchten. Vergessen Sie für einen Moment alles, was Ihnen derzeit wichtig erscheint, und konzentrieren Sie sich auf die Beantwortung der Fragen, die Ihnen helfen, von den inhaltlichen Details Abstand zu gewinnen (Detail-Falle) und sich auf andere Perspektiven zu konzentrieren (kein Sende-Modus). Ihr Publikum wird es Ihnen danken.

Übrigens: Bei Ihrer nächsten Präsentation können Sie doch auch mal Ihr Publikum nach der **Güte der Präsentation** fragen. Direktes Feedback ist meist sehr hilfreich.

Fragen zur «Detail-Falle»:

- *Haben Sie das Gefühl, daß ich auf einige Details hätte verzichten können? Wenn ja, auf welche?*

191

- *Waren es zu wenig, zuviel Details? Oder lag ich genau richtig?*

Fragen zum «Sende-Modus»:

- *Wieviel hat Ihnen die Präsentation gebracht? Auf einer Skala von 1 (kaum etwas) bis 10 (extrem viel) gemessen?*
- *Wieviel von meiner Präsentation war für Sie verständlich? 25, 50, 75 Prozent?*
- *Welche Themen und Inhalte haben Ihnen gefehlt? Welche hätten Sie erwartet?*

Nun zur **Vorbereitung der Präsentation** (und wir werden nicht müde zu wiederholen, wie wichtig diese ist!). Bitte schreiben Sie sich die Antworten auf unsere Fragen auf, denn was zu Papier gebracht ist, vergißt man nicht. Zudem verringert es das Risiko der Selbst-Lüge («Ich weiß doch, wer mein Publikum ist!» – Wissen Sie es wirklich? Wir fragen Sie: Sind Ihre Präsentationen zu hundert Prozent auf die Ziele und Interessen Ihres Publikums zugeschnitten? – Falls ja, überspringen Sie bitte die nächsten Abschnitte!)

Machen Sie es sich einfach: Nehmen Sie Ihren Kalender oder ein Blatt Papier, und schreiben Sie – kurz und prägnant – die Antworten auf folgende Fragen nieder:
1. Wer ist mein Publikum?
2. Welche Ziele verfolgt mein Publikum?
3. Welches Interesse hat mein Publikum an meiner Präsentation?

Diese drei Fragen erscheinen zunächst recht lapidar; sind es aber durchaus nicht. **Es sind die Kernfragen Ihrer Präsentation.** Wenn Sie diese richtig beantworten und die Antwort in Ihrer Präsentation konsequent umsetzen, wird jeder aus Ihrer Präsentation herausgehen und das Gefühl haben, daß Sie *ihn persönlich* angesprochen haben. Und dies ist die Grundlage für eine gute Präsentation.

Bei der Beantwortung der ersten Frage sollten Sie sich bemühen, niemanden zu vergessen. Wenn Sie eine Verkaufsveranstaltung vor zehn Mitarbeitern eines Unternehmens halten und neun sind Einkäufer und einer ist ein Verkäufer und Sie haben ihn in Ihrer Vorbereitung vergessen, kann das fatale Folgen haben. Denn Sie sind sich nicht im klaren, daß hier jemand dabei ist, der andere Ziele und Interessen hat und dessen Fragen aus einem anderen Blickwinkel kommen. Er könnte den Erfolg Ihrer Präsentation gefährden. In diesem Beispiel: Ihre Präsentation wäre völlig auf den Einkauf zugeschnitten, Sie würden über niedrige Preise, hohe Liefertreue usw. sprechen. Der Verkäufer würde irgendwann einwerfen: «Es ist ja toll, was Sie uns hier verkaufen wollen, aber warum hat denn Ihr Unternehmen dieses Jahr nichts gekauft, als ich eine Verkaufspräsentation vor Ihrer Geschäftsleitung gehalten habe?»

Dies könnte Sie aus dem Konzept bringen, den Erfolg Ihrer Präsentation in Frage stellen. Weil Sie nicht genau genug wußten, *wer* Ihr Publikum ist.

Versuchen Sie bei der Beantwortung der ersten Frage alle Teile Ihres Publikums zu erfassen und – wenn möglich – in sinnvollen Kategorien zusammenzufassen. Wenn Ihnen das gelingt, wissen Sie, mit wem Sie es zu tun haben werden. Übrigens: Es gibt immer ein anwesendes und ein nicht anwesendes Publikum. Natürlich sind zunächst die anwesenden Zuhörer das **193** wichtigste Publikum. Vergessen Sie aber nicht, daß eine gute Präsentation immer auch an ein erweitertes Publikum herangetragen wird, und kalkulieren Sie dieses bereits mit ein.

Also: Wenn Sie eine Präsentation vor den Mitarbeitern in Ihrem Arbeitsbereich halten, überlegen Sie, wer dabeisein wird: der Chef (normalerweise denkt man an ihn als erstes), die Kollegen, Mitarbeiter aus anderen Bereichen/Abteilungen, Praktikanten, Lieferanten, Kunden usw.

Erst wenn Sie dies wissen, können Sie erfassen, welche **Ziele und Erwartungen** die Anwesenden haben, und davon ableiten, welches Interesse diese verfolgen. Ein einfaches Beispiel: Wenn in Ihrer Präsentation jemand sitzt, der Ihnen geholfen hat, die Unterlagen zu erstellen, kann ein unüberlegter Satz («Ich teile Ihnen die Unterlagen aus, die ich erstellt habe») Frust und Unmut provozieren. Feiner und klüger wäre es, zu sagen: «Ich darf Ihnen die Unterlagen geben, die Frau X, die Herren Y und Z und ich gemeinsam erstellt haben.»

Dieses simple Beispiel zeigt, wie wichtig es ist, sein Publikum zu kennen, stets zu bedenken, zu wem man spricht, welche Erwartungen, Wünsche und Ziele diejenigen haben, und zu versuchen, diesen gerecht zu werden.

Ein anderes Beispiel: Sie wissen, daß sich ein Kollege unter dem Publikum befindet, dessen Interesse es ist, den Inhalt Ihrer Präsentation in Frage zu stellen. Dann wäre es doch klug, überall dort, wo Ihre Präsentation aus der Sicht dieses Kollegen eine «Angriffsfläche» bieten könnte, bereits «vorzusorgen» (mit den richtigen Argumenten, Antworten, Unterlagen usw.). So wären Sie auf Kritik vorbereitet, weil Sie sich gefragt haben, wer alles zu Ihrem Publikum gehört und was es will.

Die nächsten drei Fragen Ihrer Vorbereitung lauten:

4. Was ist mein Präsentationsziel?

5. Wie lautet meine «Botschaft»?
6. Wie führe ich den Beweis?

Diese Fragen drehen sich um **das Ziel** Ihrer Präsentation. Formulieren Sie genau, was das Ziel der Präsentation ist, und auch, wie Sie es messen werden.

Übrigens: Die Meßbarkeit erscheint uns sehr wesentlich, wenn wir über Ziele sprechen. Wir gehen sogar so weit, zu sagen, daß ein Ziel, das nicht gemessen werden kann, kein Ziel ist. Das klingt provokant? Kleines Beispiel: Mein Ziel ist es, in diesem Jahr einmal die Marathonstrecke gelaufen zu sein! Ein großes Ziel. Wenn ich aber nun trainiere und trainiere und eines Tages auch versuche, die 42,195 Kilometer am Stück zurückzulegen, ohne daß ich es messe, werde ich nie bestimmen können, ob ich mein Ziel erreicht habe oder nicht. Genauso verhält es sich mit anderen Zielen: Wenn der Verkaufschef einer Firma sagt, daß er in den nächsten drei Jahren den Marktanteil verdoppeln möchte, ohne daß der Marktanteil überhaupt meßbar ist, wo ist dann das Ziel? Es gibt kein Ziel, weil es nicht meßbar ist! Und wenn Sie mit Ihrer Präsentation ein Ziel verfolgen (und das tun Sie ja sicher), dann beantworten Sie auch die Frage, wie und woran Sie Ihren Erfolg messen können.

Der Erfolg einer Präsentation könnte beispielsweise gemessen werden durch die Befragung des Publikums (oder einiger Teilnehmer) oder daran, ob aufgrund Ihrer Präsentation eine bestimmte Entscheidung gefällt wird oder nicht, oder indem Sie einen kleinen Fragebogen zur Bewertung austeilen, oder Sie könnten eruieren, ob und wie sich das Meinungsbild verändert hat, usw.

Ihrem Ziel entsprechend müssen Sie sich klarwerden, was Ihre **Botschaft** (Hauptaussage) ist. Die Botschaft einer Verkaufs-veranstaltung für Staubsauger zum Beispiel ist nicht «Kaufen Sie diesen Staubsauger!», sondern «Dieser Staubsauger ist der sparsamste, leistungsstärkste und leiseste in seiner Klasse!» Und die Folge daraus ist, daß die Leute ihn kaufen (oder auch nicht). Werden Sie sich klar, wie die Hauptaussage Ihrer Prä-sentation lautet und wie Sie sie – zunächst für sich – konkret formulieren wollen. Helfen kann Ihnen dabei auch folgendes Kriterium: Stellen Sie sich die Frage: Wenn sich die Teilnehmer nach drei Tagen an nur noch **einen Satz** aus Ihrer Präsentation erinnern könnten und Sie dürften sich aussuchen, welcher dies sein sollte: Welchen Satz würden Sie wählen?

Diese Botschaft sollten Sie übrigens in Ihrer Präsentation mehrmals *wiederholen*. Nur so erreicht sie alle Zuhörer. Dies ist sogleich auch die Basis zur Beantwortung der Frage Num-mer 6: **Wie überzeuge ich?** Wie bringe ich mein Publikum dazu, die Botschaft zu glauben? Wie kann ich die Botschaft «beweisen»? Wie kann ich das Gesagte untermauern? Wenn Sie die Hauptaussage/Botschaft für sich formuliert haben, können Sie davon ableiten, was sich in den Köpfen Ihres Pu-blikums einprägen muß: Die Botschaft aus unserem Staubsau-gerbeispiel ist «sparsam, leistungsstark und leise», also sollten Sie alles tun, um dies zu beweisen! Sie können zum Beispiel Produktvergleiche anführen, Tests präsentieren, relevante Ar-tikel aus Fachzeitschriften verteilen, das Gerät vorführen usw. Nur so prägt sich die Botschaft wirklich ein und wird glaub-haft.

Unser Staubsauger-Beispiel ist vielleicht nicht das, was für die meisten unserer Leser zutreffen wird, denn die wenigsten von Ihnen sind Verkäufer dieser Geräte. Aber es zeigt eines ganz deutlich: Ihre Präsentation hat ein Ziel. Aus dem Ziel ergibt sich eine Botschaft, und diese Botschaft braucht eine gute Untermauerung/Argumentation bzw. einen «schlüssigen Beweis». Nur so erreichen Sie Ihr Ziel! Und dies gilt natürlich nicht nur für Verkaufspräsentationen von Staubsaugern. Ob Sie die Vereinsergebnisse des letzten Jahres in der Mitgliederversammlung präsentieren, ob Sie eine Wahlrede in Ihrem Wahlkreis halten, ob Sie die Arbeitsergebnisse Ihrer Projektgruppe präsentieren, das **Dreigestirn Ziel–Botschaft–Beweis** sollte Ihnen schon im Vorfeld bekannt sein.

Die nächsten drei Fragen drehen sich um den *Aufbau* Ihrer Präsentation. Fragen Sie sich:

7. **Wie strukturiere ich die Präsentation?**

Warm-up, Begrüßung, Einleitung, Hauptteil, Zusammenfassung, Danksagung, Fragen/Diskussion, Austeilen der Unterlagen usw.

8. **Wieviel Zeit habe ich?**

Insgesamt und für die einzelnen Teile?

9. **Mit welchen Inhalten fülle ich die einzelnen Teile?**

Wie führe ich auf die Botschaft hin? Wo wiederhole ich sie? Wie untermauere ich sie? Was zeige ich? Was halte ich zurück (falls Fragen kommen)? Was darf ich in keinem Fall sagen (weil es wettbewerbswidrig wäre usw.)?

Die Beantwortung dieses Fragenblocks ist meist der Teil einer Präsentation, an den die meisten im Rahmen ihrer Vorbereitung bereits im Vorfeld denken. Zumindest macht sich jeder darüber Gedanken, was er inhaltlich sagen möchte (Frage Nummer 9). Wie Sie allerdings leicht erkennen können, lassen sich diese Fragen erst dann richtig und vollständig beantworten, wenn vorab die Fragen 1 bis 6 beantwortet wurden. Denn: Wie kann ich den Inhalt meiner Präsentation bestimmen, wenn mir nicht ganz klar ist, wer das Publikum ist, welche Interessen und Ziele es hat, und wenn mir nicht bewußt ist, was mein Ziel ist, welche Botschaft ich wie verkaufen möchte und welche Beweise mir zur Verfügung stehen?

Nach der Beantwortung der ersten beiden Frageblöcke sollte Ihnen nun die Beantwortung der Fragen 7, 8 und 9 recht einfach von der Feder gehen.

- *Aber was fehlt noch?*
- *Haben Sie eine Idee?*

Das Salz in der Suppe. Inhaltlich, sachlich haben Sie das Wichtigste getan. Jetzt fehlen noch der Stil, der Witz, die Pointen, der Elan (wie auch immer Sie es nennen wollen), eben *das Besondere*, das, was Ihre Präsentation von allen anderen unterscheiden wird: die «Show» und die persönliche Note.

Denken Sie nicht, dies wäre unwichtig. Glauben Sie nicht, eine gute sachliche Präsentation sei der Schlüssel zum Erfolg. Es ist (nur) die Grundlage, eine notwendige zwar, allerdings keine hinreichende. Sicherlich waren auch Sie überrascht, als Sie gelesen haben, daß die meisten Trainingsteilnehmer, wenn sie gute Präsentationen vor Augen haben, besonders an einen guten Entertainer denken. Auch wenn uns schon immer klar war, daß dies eine wichtige Komponente ist, waren wir trotzdem über dieses eindeutige Ergebnis überrascht. Es liegt nun an Ihnen, diesem Ergebnis Rechnung zu tragen und dafür zu sorgen, daß auch Ihre Präsentationen das haben, woran sich das Publikum gerne erinnert: *gutes Entertainment.*
Hier einige Ideen dazu:
- Bringen Sie Ihr Publikum zum Schmunzeln. Ein Publikum, das gelächelt hat, ist aufnahmebereiter und kooperativer.
- Scheuen Sie sich nicht, mit Ihrem Publikum in einen Dialog zu treten – das hält die Zuhörer wach.
- Geben Sie «Einlagen», flechten Sie persönliche Erlebnisse

ein («Was mir neulich passiert ist ...»), wenn es zum Thema paßt.

– Lächeln Sie auch mal selbst – eine Präsentation ist kein Begräbnis!

– Und denken Sie daran: Nichts ist entsetzlicher als ein gelangweiltes Publikum!

Damit sind wir beim vierten und letzten Frageblock mit folgenden Fragen:

10. **Wie gewinne und behalte ich die Aufmerksamkeit meines Publikums?**

Starter, Leitfragen-Agenda, Einbeziehung des Publikums, rhetorische Fragen usw.

11. **Wie unterhalte ich mein Publikum?**

Entertainment durch «running gag», auflockernde Erläuterungen des sachlichen Inhaltes, unterhaltsame Rahmengeschichte usw.

12. **Wie verleihen Sie der Präsentation Ihre individuelle, unverwechselbare Note?**

Episode, Bezug auf eigene Erfahrung, Beispiele, Vergleiche zur Erläuterung, rhetorische Stilmittel usw.

In unseren Trainings veranstalten wir gerne ein «Vorher-Nachher-Spiel»: Ein Thema wird von den Teilnehmern zunächst ohne unsere zwölf Vorbereitungsfragen als Präsentation aufbereitet und präsentiert und später ein zweites Mal, diesmal unter Zuhilfenahme des Fragenkatalogs. Der Unterschied ist oft frappierend, selbst bei Teilnehmern, die sich als geübte Präsentatoren eingeschätzt haben und durchaus redegewandt sind. Also, probieren Sie's einfach beim nächsten Mal aus.

8.3 Fragen während der Präsentation

Auch **während der Präsentation** ist das Werkzeug Frage ein oftmals sehr wichtiges und hilfreiches. Lassen Sie uns einige typische Situationen herausgreifen und zusammen erkunden, welche Fragen uns wie helfen können.

Das Publikum stimmt Ihnen zu

In den meisten Präsentationen wünscht sich der Präsentator, daß das Publikum seine vorgestellten Themen, Gedanken und Ideen wohlwollend mitvollzieht und letztlich mit dem Redner übereinstimmt. In den wenigsten Fällen tut dies allerdings ein Publikum «freiwillig» bzw. ohne dazu aufgefordert zu werden. *Rhetorische Fragen* können Ihnen aus diesem Dilemma helfen. Bauen Sie in Ihre Argumentationsketten hin und wieder rhetorische Fragen ein, wie zum Beispiel:

– Haben Sie diese Erfahrung nicht auch schon gemacht?
– Haben Sie dies gewußt?
– Finden Sie dies nicht auch erstaunlich?
– Könnten Sie sich vorstellen, ähnlich reagiert zu haben?
– Oder?
– Nicht wahr?

So klein und unbedeutend die Fragen scheinen: Sie sind immer eine Frage an die Zuhörer, ein Impuls, daß sich Ihr Publikum angesprochen fühlt. Selbst wenn es sich um eine rhetorische Frage handelt, so hat sie dennoch eine Wirkung: Nicht-Widersprechen wird als Zustimmung interpretiert! Das Publikum stimmt Ihnen tendenziell zu. Argumentationsketten können somit abgesichert, Aussagen unterstrichen und Aufmerksamkeit gewonnen werden.

- *Sollen wir eine Rauch- und Verschnaufpause einlegen?*

Einbinden des Publikums

In unseren Präsentationstrainings stellen wir den Teilnehmern die Aufgabe, zu bestimmten Themen Präsentationen vorzubereiten und durchzuführen. Noch nie haben wir erlebt, daß in der Anfangsübung das Element *Dialog* eine wesentliche Rolle gespielt hat. Die Präsentationen, die von den Teilnehmern entworfen und gehalten wurden, waren allesamt Monologe. (Hoffentlich tun wir mit dieser Aussage keinem bisherigen Teilnehmer unrecht – zumindest können wir uns nicht an einen solchen Fall erinnern.)

Zugegeben, es ist einfacher, einen Monolog zu halten, als einen guten Dialog aufzubauen. Das Publikum einzubeziehen ist immer schwierig und ein Risiko. Dennoch macht es eine gute Präsentation aus, daß auch das Publikum mit einbezogen wird, daß es die Möglichkeit hat, sich einzubringen. Und das kann in unterschiedlicher Form geschehen. Eine davon ist, aktiv Fragen zu stellen. Fragen Sie Ihr Publikum, falls dies inhaltlich bereichernd und ohne vorhersehbares strukturelles Risiko (die Präsentation könnte aus den Fugen geraten) für Sie ist. Und geben auch Sie dem Publikum die Möglichkeit, Fragen zu stellen – an günstigen Stellen (so daß Sie nicht aus dem Konzept kommen) und dort, wo das Risiko für Ihre Präsentation gering ist (wenn Sie zum Beispiel zu Anfang Ihrer Präsentation mit Fragen aus dem Publikum bombardiert würden, kann das die gesamte Präsentation gefährden).

Kündigen Sie deshalb in jeder Präsentation an, wann und wo das Publikum fragen kann und soll. Zum Beispiel: «Wenn Sie Verständnisfragen haben, unterbrechen Sie mich einfach an der betreffenden Stelle. Fragen zum Inhalt und zur Diskussion des Inhalts würde ich gerne an den Schluß meiner Präsentation stellen. Ich fasse mich kurz, so daß wir dafür genügend Zeit haben werden.»

8.4 Leitfragen als roter Faden

Bei längeren Präsentationen und komplexeren Themen bietet es sich häufig an, eine Agenda, eine Inhaltsübersicht, einen roten Faden aufzuzeigen. Dies erleichtert Ihrem Publikum das Verständnis und hilft, daß sich alle von Anfang an auf den Inhalt konzentrieren können. Geben Sie Ihrer Präsentation Struktur. Machen Sie es Ihrem Publikum einfach, die Präsentation zu verstehen und Ihnen zu folgen, indem Sie Ihren Zuhörern diese Struktur erläutern. Oft kann es recht hilfreich sein, diesen roten Faden in Form von Leitfragen zu gestalten. Die Leitfragen können Sie zu Beginn Ihrer Präsentation mit Ihrem Publikum besprechen und damit schon aufzeigen, auf welche Fragen Ihre Präsentation antworten wird.

So könnte die Leitfragen-Agenda für eine Präsentation mit dem Titel «Hunde im Haus – ein Thema unserer Hausordnung» zum Beispiel aussehen:
– Sind Hunde auch nur Menschen?
– Warum kann ein Hund so wichtig sein?
– Welche Bedürfnisse hat ein Hund?
– Welche Belästigungen können hieraus entstehen?
– Und wie können wir diese vermeiden?
– Wie gestalten wir unsere Hausordnung?
Oder für ein anderes Thema mit dem Titel: «Ladenöffnungszeiten im deutschen Einzelhandel»:

- Was ist die bisherige Regelung?
- Seit wann existiert sie?
- Wie halten es unsere europäischen Nachbarn?
- Und welche Erfahrungen machen diese?
- Welchen Vorteil bieten feste Ladenöffnungszeiten?
- Was ist zu beachten, wenn die Ladenöffnungszeiten freigegeben werden?
- Wie ist die öffentliche Meinung?
- Wie stehen Sie persönlich dazu?

Wir haben oft erlebt, daß unsere Teilnehmer die Leitfragen-Agenda ansprechender und interessanter finden als eine Inhaltsübersicht aus Stichwörtern. Nutzen Sie doch Ihre nächste Präsentation, um dies für sich zu überprüfen, ganz gleich, ob Sie sich in der Rolle des Präsentators oder des Zuhörers befinden.

Das Thema Fragen ist für die Vorbereitung und Durchführung von Präsentationen also sehr wichtig. – Hätten Sie das gedacht? – Eine Präsentation wird nicht gelingen, wenn nicht bereits in der Vorbereitung die richtigen Fragen gestellt und beantwortet wurden. Und eine Präsentation wird langweilig, wenn sie nicht mit Hilfe von Fragen aufgelockert und damit dialogorientiert wird. **Fragen sind ein wesentliches Präsentationselement** – vor, während und nach der Präsentation. Nehmen Sie die Chance wahr und nutzen Sie die richtigen Fragen für Ihre nächste Präsentation. Sie selbst und vor allem Ihr Publikum werden den Unterschied erkennen!

9. Brain- & Bodyquestioning

- *Haben Sie heute Ihre Frau/Ihren Mann schon geschlagen?*
- *Warum nicht?*

- *Wie haben Sie gerade beim Lesen auf diese Frage reagiert?*
- *Paßt diese Frage in Ihr Wertesystem?*
- *Wie war Ihre Mimik?*
- *Was haben Sie gefühlt?*

Der Ansatz des «Brain- & Bodyquestioning» kommt aus unserem Trainingsalltag. Wir haben diesen Ansatz entwickelt, um das gekonnte Fragen mit «Leib und Seele» zu üben. Um unseren Trainingsteilnehmern das Üben leichtzumachen, die Anwendungsinhalte in den Alltag zu übersetzen. Und der Ansatz zeigt deutlich auf, wie wichtig es ist, beides zu nutzen: Kopf und Körper, Bewußtsein und Gefühle. Auch in der Kommunikation, auch beim Fragen.

9.1 Die Zusammenhänge zwischen Gedanken, Sprache und Körper

Es geht uns in diesem Kapitel nicht darum, das gesamte Thema Körpersprache, Gestik und Mimik in der Kommunikation abzuhandeln, darüber gibt es bereits interessante Literatur. Unserer Überzeugung nach können Sie Ihre Kommunikation und im besonderen Ihre Fragetechnik durch die Beachtung einiger einfacher Regeln deutlich verbessern. Wir möchten deshalb im folgenden auf die wesentlichen Zusammenhänge eingehen und dabei besonders herausarbeiten, wie Sie eine verbal gestellte Frage durch Ihre Körpersprache unterstützen können.

Wenn wir über Kommunikation sprechen, denken wir zunächst an die Worte, mit denen wir unserem Gesprächspartner unsere Gedanken mitteilen. Was wir allerdings häufig unterschätzen, ist, wieviel unsere Körpersprache, unsere Gestik schon vorher über uns und das, was wir denken und fühlen, aussagen. Die ersten Sekunden sind – für den ersten Eindruck, den Sie von einem Menschen gewinnen – ausschlaggebend. Dieser Eindruck setzt sich dann zuerst einmal fest. Entscheidende Anteile an dem Eindruck, den wir vermitteln, haben unsere Körpersprache, unsere Mimik und unsere Gestik.

Was wir denken, bringen wir vor allem verbal zum Ausdruck; was wir dabei fühlen, verrät unser Körper!

Stellen Sie sich vor, Sie antworten auf die Frage «Schmeckt dir das Essen?» mit «Ja» und schütteln dabei Ihren Kopf, ziehen die Augenbrauen hoch oder senken den Blick. Was verrät das? Paßt das zusammen? Und: Was sagt dabei wohl mehr aus, Ihre Worte oder Ihre Körpersprache?

Passen Gesagtes und Mimik nicht zusammen, ist der Mensch unglaubwürdig.

Lieber Leser, liebe Leserin, die Körpersprache hat eine sehr starke Wirkung! Nicht umsonst nutzt man die Körpersprache vielerorts dazu, um herauszufinden, ob jemand die Wahrheit sagt. Amerikanische Polizisten werden bereits in der Interpretation der Körpersprache geschult, um in Verhören herausfinden zu können, was wahr und was gelogen ist. Sagt die Körpersprache also immer die Wahrheit? Wir wissen es nicht, aber vieles deutet darauf hin, daß mit der Körpersprache die Gefühle und Empfindungen eines Menschen direkt «übersetzt» werden und weitaus ungefilterter nach außen dringen als über das gesprochene Wort. Nur eine extrem starke Manipulation der Körpersprache (oder besser ihre Kontrolle) erlaubt es, diese Form der Sprache zu unterbinden oder zu fälschen.

Uns geht es weniger darum, die Differenzen zwischen dem gesprochenen Wort und der Körpersprache herauszuarbeiten. Interessant ist vielmehr die Frage: Wie können wir das gesprochene Wort mit unserer Körpersprache unterstützen? Wie können wir unseren Aussagen Kraft verleihen, wie erzielen wir mit unseren Fragen eine möglichst große Wirkung?

Unterstreichen Sie Ihre Fragen durch Ihre Körperhaltung, Gestik und Mimik.

Im Grund können Sie einiges über die Thematik Körpersprache und Gestik lernen, indem Sie sich auf Ihren gesunden Menschenverstand und den Spiegel in Ihrem Hausflur verlassen. Wenn sich unsere Trainingsteilnehmer im Spiegel oder in der Kameraaufnahme sehen, müssen wir meist gar nicht mehr viele Ratschläge geben. Die meisten Teilnehmer sehen sofort, was «gut rüberkommt» oder «komisch» wirkt. Es macht zum Beispiel keinen Sinn, verbal etwas zu bejahen, während es gleichzeitig durch meine Körpersprache verneint wird. Umgekehrt ist es natürlich auch wenig zweckmäßig, etwas verbal abzulehnen und gleichzeitig eine offene Körperhaltung an den Tag zu legen. Es ist ungeschickt, bei der Begrüßung «Meine sehr verehrten Damen ...» zu sagen und dabei einen Herrn anzuschauen. Sie sollten nicht «... auf der einen Seite und auf der anderen ...» sagen und dabei beide Male dieselbe Hand in dieselbe Richtung bewegen. Sie sollten bei Kernaussagen das Publikum im Blick haben, fest stehenbleiben und eine selbstsichere Haltung einnehmen usw., usf.

Wir sprechen hierbei wieder von der Formel 1 + 1 > 2. Diese «kommunikative Ungleichung» sagt: Sofern Sie bei einer Frage Ihre gesamte verbale Kommunikationskompetenz einsetzen und dazu die richtige Körpersprache an den Tag legen, wird die Wirkung größer und bedeutsamer sein als die Addition der jeweils isoliert betrachteten Faktoren.

In unseren Trainings diskutieren wir an dieser Stelle meist die grundlegenden Fragen zum Brain- & Bodyquestioning, wie:

– *Sollten alle die gleiche Gestik haben?*
– *Wieviel Körpersprache ist gut?*
– *Wann ist sie zuviel?*

- *Warum haben die Nachrichtensprecher im Fernsehen keine Gestik?*
- *Sollte Körpersprache natürlich sein, oder kann/soll man sich dies antrainieren?*
- *Gibt es Unterschiede zwischen verschiedenen Typen und Charakteren?*
- *Ist die Körpersprache bei kleinen Menschen anders als bei großen?*

Am Ende einer solchen Diskussionsrunde stehen meist folgende Beiträge als **Merksätze** auf dem Flipchart:
- Der Einsatz von Körpersprache ist individuell.
- Es gibt aber allgemeingültige Regeln und Erkenntnisse zur Körpersprache.
- Der richtige Einsatz der Körpersprache hängt ab von
  dem Typ/Charakter, der Körpergröße,
  dem Anlaß (Begräbnis, Geburtstag, Präsentation usw.),
  dem Thema (Verkaufsveranstaltung, Bilanzkonferenz usw.),
  dem Publikum und der Kultur,
  dem Medium (Fernsehen, Theater).

– Körpersprache unterstreicht das Gesprochene (richtiger Einsatz) oder wertet es ab (falscher Einsatz)!
– Körpersprache verrät Gefühle (das wahre Empfinden).
– Körpersprache läßt «zwischen den Zeilen» lesen/verstehen.

Körpersprache, in diesem Sinne definiert, schließt die gesamte Palette des menschlichen nonverbalen Ausdrucksvermögens ein, also Mimik, Gestik, Körperhaltung, Auftreten, Gang usw.

Eine der beliebtesten Übungen in unseren Trainings ist die vorbereitete Rede. Zu einem Thema, das die Teilnehmer kurz vorher erfahren, bereiten Sie ein Kurzreferat vor, natürlich unter Berücksichtigung aller bis dahin gelernten rhetorischen Bausteine, auch der Körpersprache. Die Anweisung hierfür lautet, die Körpersprache ganz bewußt einzusetzen.

1. Die **Körperhaltung** für die Grundhaltung.
2. Die **Mimik**, um die Sprache lebendig und glaubhaft werden zu lassen.
3. Die **Gestik** zur Unterstützung der Hauptaussagen, der wichtigsten Fragen und Kernpunkte.

Mit der richtigen Körpersprache erhöhen Sie die Wirksamkeit Ihrer Aussagen!

9.2 Warum brauchen gerade gute Fragen eine gute Gestik?

Erinnern Sie sich an unseren «Deal»? Die Annahme war, daß in der Kommunikation immer ein Nehmen und Geben stattfindet und daß ihr Verhältnis möglichst ausgeglichen sein sollte. Wenn ich Informationen von jemandem haben möchte, dann sollte derjenige ein Interesse daran haben, mir diese Informationen mitzuteilen. Je höher sein Interesse ist, mir eine Antwort zu geben, desto höher auch die Wahrscheinlichkeit, daß die Antwort gehaltvoll und richtig ist.

Wie können Sie die Wahrscheinlichkeit erhöhen, daß Ihr Gesprächspartner Ihnen antwortet und daß diese Antwort möglichst gehaltvoll und richtig ist?

- Denken Sie an den Deal! Geben auch Sie Ihrem Gegenüber Informationen, an denen er Interesse hat und die ihn in das Thema mit einbinden.
- Wecken Sie bei Ihrem Gegenüber Interesse an dem Thema bzw. an der Antwort.
- Setzen Sie Ihre *Körpersprache* richtig, das heißt unterstützend, ein.

Die richtige Körpersprache unterstreicht Ihre Frage und erhöht die Wahrscheinlichkeit des gewünschten Antwortverhaltens.

Zu jeder Frage gibt es unterstützende Körperhaltungen, Gestik und Mimik.

Grundsätzlich ist zu sagen, daß jede Frage eher durch eine *offene* als durch eine *geschlossene* Körperhaltung zu unterstützen ist. Sowohl die Körperhaltung als auch die Gestik sollen dem Gefragten deutlich Interesse vermitteln. Bedenken Sie

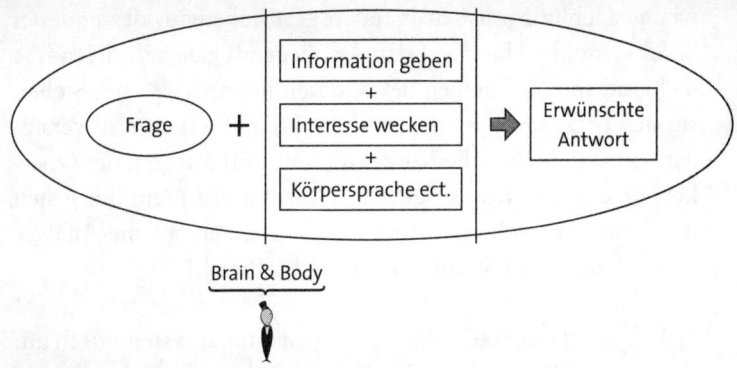

Wie erhöhe ich die Wahrscheinlichkeit des erwünschten Anwortverhaltens?

hierbei unsere Beobachtung, daß die Körpersprache sehr schwer zu manipulieren ist – es wird Ihnen also schwerfallen, körpersprachlich Interesse zu «heucheln», wenn Sie im Grund keines empfinden.

Beobachten Sie zum Beispiel die Teilnehmer eines Meetings in Ihrer Firma. Nach einiger Zeit wird sich der eine oder andere Teilnehmer schon äußerlich durch seine Sitzposition von der Gruppe abwenden, die Blicke schweifen lassen, gelangweilt oder nervös mit den Fingern auf der Tischplatte trommeln usw. Ein deutliches körpersprachliches Zeichen, daß die betreffende Person im Moment nicht an dem Gesprächsthema interessiert ist. (Nur am Rande sei erwähnt, daß für den Gesprächsleiter Fragen ein sehr wirkungsvolles Mittel darstellen würden, um derart «abtrünnige» Mitarbeiter wieder mit ins Boot zu holen!)

Stellen Sie sich dagegen zwei Freundinnen vor, die sich intensiv über Persönliches unterhalten: Meist nehmen die beiden sogar eine sehr ähnliche Sitzhaltung ein, die Haltung des Oberkörpers (gespannt nach vorn gebeugt, entspannt zurückgelehnt) und die Gestik der beiden (zum Beispiel mehr oder

211

weniger lebhaft mit den Händen gestikulierend, der anderen beruhigend die Hand auf den Arm legend) gleichen sich an, je mehr sie an den Themen der anderen interessiert sind. Stellen sie sich gegenseitig Fragen, um die Freundin besser zu verstehen, wird sich auch die Körpersprache mitbewegen, der Oberkörper und der Kopf mehr in Richtung der Freundin gehen usw. (Ergänzend hierzu wäre eine körpersprachliche Analyse von Männern am Stammtisch aufschlußreich!)

Gehen wir diese Beobachtungen noch einmal systematisch an: An welchen Details kann Ihr Gesprächspartner erkennen, daß auch Sie voller Energie und Interesse stecken? Auch hier zunächst einige Stichwörter aus unseren Trainings:
– bewußter Gang,
– aufrechte Haltung,
– Schulter nach hinten unten,
– klarer Blick,
– alle abwechselnd anschauen,
– auch nach hinten schauen, nicht nur in die erste Reihe,
– Gestik nicht in Höhe des Unterleibes, sondern am Oberkörper.

Stellen Sie sich vor, wie es wirken würde, wenn ein junger Mann seiner Geliebten einen Heiratsantrag macht, jedoch, während er sie fragt, desinteressiert zur Seite schaut, mit verschlossenen Armen vor der Frau sitzt und sogar noch leicht den Kopf schüttelt! – Wir können Ihnen zwar keine allgemeingültigen Verhaltensweisen für erfolgreiche Heiratsanträge bieten – und hüten uns auch, mit dem Thema Brain- & Bodyquestioning eine Erfolgsgarantie zu geben. Vielleicht versuchen Sie *die Frage* mit dem althergebrachten Kniefall und leicht schräg geneigtem Kopf vor der Angebeteten vorzubringen. Entweder wird es eine Lachnummer, oder Sie können sie durch das Überraschungsmoment überzeugen! Wir wissen jedoch, daß bei Vorträgen, Präsentationen, Diskussionen, Moderationen etc. die Körpersprache äußerst wichtig ist.

Wie könnte nun ein möglichst wirkungsvoller Einsatz der Körpersprache bei den diversen Fragearten aussehen?

Wie schon erwähnt, sollte die Körperhaltung beim Fragenden grundsätzlich offener Art sein. Dies kann signalisiert werden durch
– Zuwendung des Körpers in die Richtung des Gefragten,
– Zuwendung des Blickes,
– offene Haltung des Körpers (Schultern nach hinten unten, aufrecht stehen oder sitzen, keine verschränkten Arme),
– stetigen Augenkontakt.

Die geschlossene Frage

Im Falle der geschlossenen Frage kann die geschlossene Art allerdings auch noch durch eine Fokussierung verstärkt werden, die mit den Händen unterstrichen wird.
Beispiel: «Bist du auch dieser Meinung, ja oder nein?»
Unterstützen Sie eine solche Frage durch die erhobene rechte Hand, in der alle Finger zusammengedrückt sind; die Hand schwingt im Handgelenk. Diese Frage kann auch durch die nach vorne schwenkende offene Hand betont werden.

Die offene Frage

Die offene Frage dient dazu, uns mehr Informationen über ein Thema zu liefern. Die unterstreichende Körperhaltung dazu ist neben der Offenheit auch noch durch die Einladung (die Einladung zu erzählen, zu berichten) gekennzeichnet. Offene Arme, Hände nach außen können hierbei gut unterstützen.

Beispiel: «Komm, erzähl mir von deinen Erlebnissen im Urlaub!» (Stellen Sie sich vorsichtshalber schon einmal auf einen langen Abend ein.)

Die assoziative Frage

Durch die assoziative Frage wollen wir den Gedanken und Gefühlen des Gefragten freien Raum gewähren. Wir wollen ihn auffordern, sämtliche Gehirnbahnen zu aktivieren, neue gedankliche Wege durchs Gehirn zu gehen. Wir wollen Kreativität fördern.

Beispielsweise kann die Frage «Laß deine Gedanken schweifen: Was fällt dir alles zu diesem Thema ein?» durch nach oben geschwungene Arme sehr gut unterstrichen werden. Bewegen Sie hierzu auch Ihren Kopf nach oben, tun Sie so, als läge die Antwort in den Sternen.

Oder können Sie sich zu dieser Frage eine geschlossene Körperhaltung vorstellen?

Die rhetorische Frage

Die rhetorische Frage ist hierbei natürlich eine Ausnahme, da Sie im Grunde keine Antwort bekommen wollen. Diese Frageart dient lediglich dazu, die Aufmerksamkeit der anderen zu gewinnen. Im Falle einer assoziativen rhetorischen Frage, in der Sie die Zuhörer zuerst einmal zu einem gedanklichen Spaziergang einladen, macht es natürlich zunächst schon Sinn, die gleiche Körpersprache und Gestik einzusetzen, die Sie auch bei der assoziativen Frage einsetzen würden. Allerdings sollte sich auch Ihre Körpersprache wiederum schließen, bevor Sie dann tatsächlich eine – im Grunde an dieser Stelle nicht erwünschte – Antwort bekommen.

Bleibt noch zu sagen, daß Körpersprache Spaß macht! Körpersprache wirkt nach innen und nach außen, Körpersprache unterstreicht das, was Sie zum Ausdruck bringen möchten, es verstärkt das, was Sie sagen, sowohl bei Ihnen selbst als auch bei Ihren Zuhörern. Deshalb möchten wir Ihnen Mut machen: Setzen Sie Ihre Körpersprache immer bewußter ein, es wird eine Erlebnisreise für Sie werden. Nach einer Zeit der Übung werden Sie beim Aussprechen der Frage «Warum kannst du mir hierauf *jetzt* keine Antwort geben?» nicht mehr mit den Armen und Beinen schlenkern und Ihre Frage damit relativieren und entkräften, nein, Sie werden mit beiden Beinen fest auf dem Boden stehen und die Brisanz Ihrer Frage damit unterstreichen.

9.3 Brain- & Bodyquestioning und das Grundmodell

Am Anfang unserer Reise durch das Reich des Fragens haben wir ein Grundmodell beschrieben. Es demonstriert uns, daß der Unterschied zwischen Sprecherabsicht und Empfängerinterpretation sehr groß sein kann. Eine Frage, die an den Zuhörer abgesandt wurde, kommt als etwas ganz anderes beim

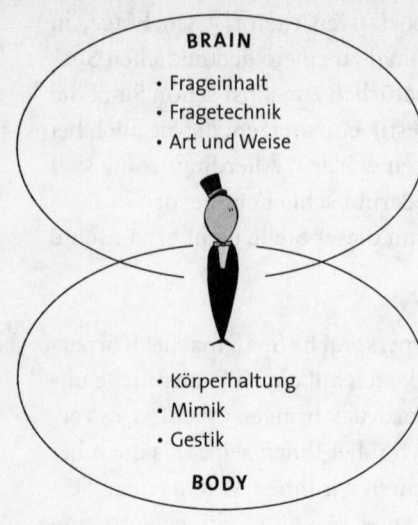

Zum Beispiel:

BRAIN
- Frageinhalt
- Fragetechnik
- Art und Weise

- Interesse wecken
- Auf den anderen eingehen
- Strukturkreis verlassen
- Zuhörer-Loop
  Usw.

- Ins Gesicht schauen
- Blickkontakt
- Offene Haltung
- Strammer Gang
- Vorsichtiges Gehen
- Frontal stehen
  Usw.

- Körperhaltung
- Mimik
- Gestik

BODY

Je höher die Korrelation zwischen Brain- & Body-Sprache,
desto wirkungsvoller die Aussage bzw. Frage.

Gefragten an – und entsprechend unbefriedigend kann dann die Antwort aussehen.

Wir sollten also unbedingt zum Werkzeug Brain- & Bodyquestioning greifen, um den Inhalt unserer Frage durch den bewußten, aktiven Einsatz von Körpersprache, Gestik und Mimik unmißverständlicher zu machen.

Daraus ergibt sich folgendes Postulat:

Sprechen Sie klar und unmißverständlich, unterstreichen Sie das, was Sie sagen und fragen, durch Ihre Körpersprache und bedenken Sie, daß das, was Sie als Frage absenden, vom Zuhörer / Gefragten möglicherweise ganz anders interpretiert werden kann. Je klarer Ihre Kommunikation ist, desto höher ist die Wahrscheinlichkeit, daß dies auch so vom Zuhörer / Gefragten aufgenommen wird.

Wenn Sie mit einer Person sprechen oder ihr eine Frage stellen,
dann denken Sie daran,
– daß Sie dieser Person Ihr Gesicht zuwenden,
– daß Sie ihr in die Augen schauen,
– daß Sie eine offene Körperhaltung einnehmen,
– daß Sie auf die Körpersprache des anderen achten,
– daß Sie im Aufnahme-Modus sind.

9.4 Brain & Body – ein erfolgreiches Duo!

Der Einsatz von beidem – Brain & Body – in der Kommunikation erhöht die Wahrscheinlichkeit des gewünschten Antwortverhaltens. Bei wichtigen Fragen sollten Sie sich überlegen: Wie
kann ich die Frage «knackig» formulieren, welche Informationen gebe ich vorab, um das Interesse zu wecken, *und wie
unterstreiche ich meine Frage durch die richtige Körpersprache?*
So wirken Sie überzeugender und selbstsicherer. Probieren Sie
es einfach mal aus – mit der Zeit werden Ihnen die vielleicht
anfangs nur mit Bewußtheit gelingenden körpersprachlichen
Elemente in Fleisch und Blut übergehen – Sie können nur gewinnen!

Abstraktionspyramide des Brain- & Bodyquestioning

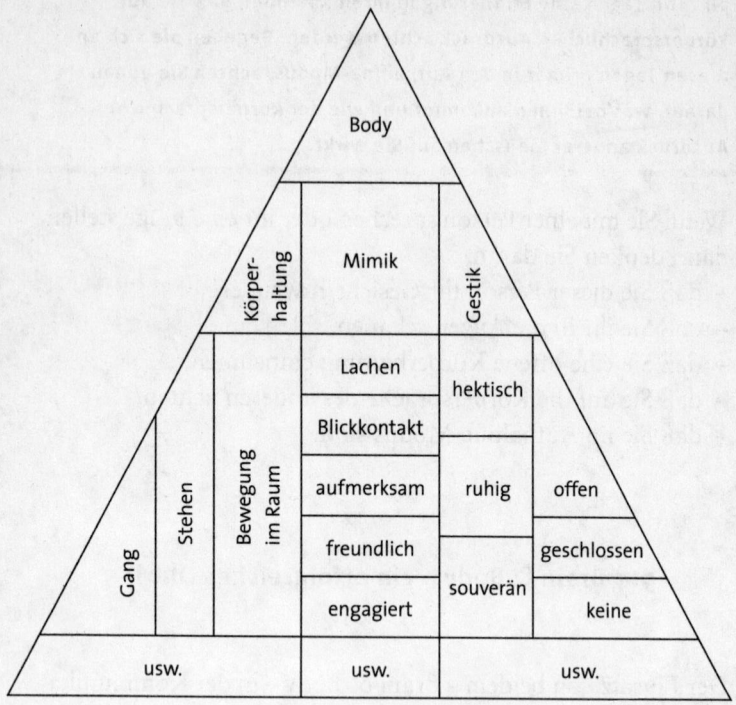

An Stelle eines Schlußworts

Was soll diese ganze **Fragerei** (vieles, unnötiges **Fragen**), mit der der **Fragende** (jemand, der etwas **fragt**) innerhalb der **Fragestunde** (festgelegte Zeit, in der den Parlamentsmitgliedern die Möglichkeit zu direkten **Fragen** an die Regierung gegeben wird) bei den **Gefragten** (jemand, an den eine **Frage** gerichtet wird) nur **Fragezeichen** (Satzzeichen nach direkten **Fragesätzen**) erzeugt?

Das haben wir (die beiden **fragwürdigen** Autoren) uns auch schon **gefragt**!

Fraglich (zweifelhaft, ungewiß, unsicher, strittig, umstritten) ist es, sich mit so vielen **Fragen** herumzuärgern, wobei es **fraglos** (ohne **Frage**, zweifellos) ist, daß **Fragen** (Äußerungen, die Antworten oder Klärungen verlangen) selbst als **Fragment** (Bruchstück, übriggebliebener Teil eines Ganzen, unvollendetes Werk) wiederum nur neue **Fragerei** (s. o.) nach sich ziehen können.

Fragen können dazu führen, feste Fundamente zu erschüttern, eine Sache **fragil** (sehr zart, zerbrechlich, hinfällig) werden zu lassen; deshalb führen sie sich somit selbst ad absurdum bzw. lassen sich selbst **fraglich** erscheinen.

Zum Ende **frägeln** (vorsichtig, listig **fragen**) wir Sie, ob Sie noch unseren **Fragebogen** (Vordruck zum Ausfüllen für amtliche Feststellungen) ausfüllen und in unseren **fraglichen** Fanclub eintreten möchten. Dort lernen Sie viele andere **Fragetypen** (Typen, die fragen) kennen, werden vielen **Fragen** begegnen, werden sich selbst **hinterfragen** und gegebenenfalls auch **Antworten** finden.

Noch Fragen, liebe Leserin, lieber Leser?

Wenn ja, würden wir uns über einen Dialog mit Ihnen, über Ihr Feedback und Ihre Erfahrungen zum Thema Fragen freuen. Sie können uns über E-Mail erreichen:
rolf-michael.hahn@t-online.de
nstickel@netscape.net

Die Autoren

Das Training zum Buch:

Die Autoren «on Tour» in Deutschland! Interessiert? – Sie können dabei sein.
Infos erhalten Sie bei:
Rolf-Michael Hahn, Freiburger Allee 67, 71034 Böblingen
E-Mail: rolf-michael.hahn@t-online.de

Danksagung

Ohne Frage schuldet jeder Autor anderen Dank, Menschen, ohne die sein Buch nicht so geworden wäre, wie er es an den Leser übergibt. Da wir vor allem Kommunikationstrainer sind, denken wir dabei in erster Linie an alle unsere Seminarteilnehmer, deren Erfahrungen und Fragen uns immer wieder anregen, neu über Themen der Kommunikationspsychologie nachzudenken. Viele Gespräche mit Freunden hatten denselben Effekt, und hier möchten wir diesmal besonders Richard

Strunk erwähnen, dessen Einwände und Fragen die Autoren in besonders nachhaltiger Weise dazu zwangen, immer neue Gehirnbahnen zu öffnen und zu beschreiten.

Unsere Verlagsagentin Ingrid Anna Kleihues stand uns wiederum mit großem Engagement zur Seite. Sie ließ uns in kritischen Phasen der Entstehung wohltuende Unterstützung zukommen.

Wie sehr konstruktive Kritik, besonders natürlich Fragen nach dem «Warum so?» und «Warum nicht anders?» unsere Ideen und Modelle bereichern konnten, erfuhren wir durch die intensive Betreuung unseres Lektors Dr. Wolfgang Müller.

Zu guter Letzt bedanken wir uns besonders bei Eva-Maria Keß, ohne die dieses Buch nur schwerlich hätte entstehen können. Sie zeichnete innerhalb des Teams für vielerlei Funktionen, die weit über ihre eigentliche Aufgabe, dem Text das einheitliche sprachliche Kleid zu verleihen, verantwortlich und half so, alle Hürden zu überwinden.

Bleibt uns zu hoffen, daß auch unsere Leser dankbar für unsere Ausführungen sein werden, wenn der Vorhang gefallen ist, und sie nicht die Frage stellen: «Warum überhaupt habe ich dieses Buch gelesen?»

Böblingen, im Juni 1999

Rolf-Michael Hahn
Nicolai Stickel

Literatur

Berne, E.: Was sagen Sie, nachdem Sie ‹Guten Tag› gesagt haben? Frankfurt a. M. 1983

Berne, E.: Spiele der Erwachsenen. Reinbek 1997

Bierach, A.: Körpersprache erfolgreich anwenden und verstehen. München 1996

Carnegie, D.: Wie man Freunde gewinnt. München 1995

Carnegie, D.: Besser miteinander reden. München 1997

Covey, S. R.: Die sieben Wege zur Effektivität. Frankfurt a. M., New York 1997

Ebeling, P.: Rhetorik – der Weg zum Erfolg. München 1990

Frisch, M.: Fragebogen. Frankfurt a. M. 1997

Hahn, R.-M., Stickel, N.: Richtig miteinander reden. Landsberg a. Lech 1999

Hahn, R.-M., Stickel, N.: Die Sprache der Sieger. So setzen Sie Kommunikative Intelligenz für Ihren Erfolg ein. Landsberg a. Lech 2000

Harris, T. A.: Ich bin o.k., Du bist o.k. Reinbek 1997

Harris, A. B., Harris, T. A.: Einmal o.k., immer o.k. – Transaktionsanalyse für den Alltag. Reinbek 1997

Jacobson, B., Kettelhack, G.: Hör mir doch endlich mal zu. Für eine bessere Kommunikation in der Partnerschaft. Hamburg 1997

Langer, I., Schulz von Thun, F., Tausch, R.: Sich verständlich ausdrücken. München 1993

Lewicki, R. J., Hiam, A., Olander, K. W.: Think before you speak. New York 1996

Mackay, H.: Warum hörst du mir nie zu? Zehn Regeln für eine bessere Kommunikation. München 1997

McCormack, M. H.: McCormack on Negotiating. London 1996

McCormack, M. H.: Die Schule der Kommunikation. Frankfurt a. M., New York 1998

Mohler, A.: Überzeugend reden, erfolgreich verhandeln. München 1977

Mohler, A.: Die einhundert Gesetze produktiven Denkens und Handelns. Frankfurt a. M. 1991

Mohler, A.: Die einhundert Gesetze erfolgreicher Verhandlung. Frankfurt a. M. 1991

Mohler, A.: Die einhundert Gesetze überzeugender Rhetorik. Berlin 1996

Muriel, J., Jongeward, D.: Spontan leben. Reinbek 1997

Oppermann, K., Weber, E.: Frauensprache, Männersprache. Landsberg a. Lech 1997

Platon: Hauptwerke. Stuttgart 1973

Rebel, G.: Mehr Ausstrahlung durch Körpersprache. München 1997

Schulz von Thun, F.: Miteinander reden 1, 2. Reinbek 1998

Schulz von Thun, F.: Miteinander reden 3. Reinbek 1998

Tannen, D.: Das hab' ich nicht gesagt: Kommunikationsprobleme im Alltag. München 1994

Tannen, D.: Du kannst mich einfach nicht verstehen. Augsburg 1997

Tannen, D.: Andere Worte, andere Welten. Kommunikation zwischen Frauen und Männern. Frankfurt a. M., New York 1997

Tannen, D.: Job-Talk. Wie Frauen und Männer am Arbeitsplatz miteinander reden. München 1997

Weischedel, Wilhelm: Die philosophische Hintertreppe. München 1997

Zehetner, R.: Ich muß bei mir selbst beginnen. Wien, Heidelberg 1995